Christian Olding

Klartext, bitte!

CHRISTIAN OLDING

KLARTEXT, BITTE!

Glauben ohne Geschwätz

HERDER

FREIBURG · BASEL · WIEN

Für alle, die mich haben wachsen lassen.

MIX
Papier aus verantwor-
tungsvollen Quellen
FSC® C083411

© Verlag Herder GmbH, Freiburg im Breisgau 2017
Alle Rechte vorbehalten
www.herder.de

Satz: wunderlichundweigand, Stefan Weigand
Herstellung: CPI books GmbH, Leck

Printed in Germany

ISBN Print 978-3-451-37845-4
ISBN E-Book 978-3-451-81139-5

Inhalt

Einleitung

In diesem Buch geht es um mich. Aber irgendwie auch nicht. Na ja, es geht schon um mich, aber mehr als Angebot.

Glauben ist niemals etwas Selbstverständliches. Er lässt sich nicht machen. Glauben kann ich nicht herbeibefehlen und er funktioniert auch nicht. Ich kann ihn immer wieder nur wagen und riskieren. Dass das allerdings geht, dass Gott wirklich zu entdecken ist von denen, die ihn suchen, das ist ein Versprechen: »Wenn ihr mich sucht, werdet ihr mich finden. Ja, wenn ihr von ganzem Herzen nach mir fragt, will ich mich von euch finden lassen. Das verspreche ich, der Herr. Ich werde euer Schicksal zum Guten wenden.« (Jeremia 29.13f.) Jeder soll das erfahren und erleben können. Es gibt einen Gott. Er ist da. Er ist erlebbar. Damit ist kein Mensch von Natur aus resistent gegenüber Gott. Er hat höchstens noch nicht mit der Suche begonnen.

Mit diesem Buch biete ich meine Geschichte an. Es ist keine einzigartige. Es ist eine von so vielen, die davon erzählt, wie jemand seinen Weg mit Gott gesucht hat. Es ist eine weitere Thomas-Episode. Aber es ist eben auch eine, die zeigt, dass sich dieses Wagnis, Gott zu suchen, lohnt.

Es ist eine Thomas-Episode, weil es um Wunden, Verletzungen und Narben geht. Unsere Geschichten sind häufig voller Schmerz, voller Zerbrochenheit. Aber es gibt auch die Narben Jesu. Sie erzählen eine ganz andere Geschichte. Sie sprechen davon, dass Heilung möglich ist, dass es eine Zukunft gibt. Jesus ermöglicht dem zweifelnden Thomas dieses Vertrauen, indem er ihm seine wunden Stellen anbietet. Jesus spielt nicht den starken Helden, er hält gegenüber dem Zweifler keine flammende Predigt. Er bietet ihm etwas viel Intimeres: »Leg deinen Finger auf meine durchbohrten Hände und sieh sie dir an! Gib mir deine Hand und leg sie in die Wunde an meiner Seite! Zweifle nicht länger, sondern glaube!« (Joh 21,27) Er bietet ihm Berührung und Begegnung. Thomas darf seine Finger und Hände in die wunden Punkte legen. Das ist glaubhaft für ihn. »Mein Herr und mein Gott« (Joh 21,28), entfährt es ihm. Daran erkennt Thomas also seinen Herrn: An den Narben, die das überwundene Leid zeigen. Und diese Zeichen bleiben an Jesu Körper für alle Zeit. Es gibt kein Zurück zu einem Zustand davor. Es gibt nur ein darüber hinaus.

Mein Glaube hat mir geholfen, zu erkennen, wer ich wirklich bin. Das war nicht nur schön, sondern auch ziemlich schmerzlich. Aber ich durfte erleben, dass Jesus schon längst in meinen Abgründen sitzt und auf mich wartet. Dumm gelaufen. Er war niemals fort und woanders. Er war schon längst da. Ich bin einfach nur zu ihm zurückgekehrt, indem ich mich getraut habe, meine wunden Stellen in den Blick zu nehmen und dem Versprechen der Narben Jesu zu vertrauen: Es gibt eine Zukunft!

Die biblische Erzählung vom guten Thomas macht eines auch sehr deutlich: Der Glaube anderer nützt mir selbst am Ende wenig. Es gibt Wahrheiten, die muss man selbst entdecken. Da reicht die Erfahrung anderer für mein Leben nicht aus. Die Geschichten anderer können mich höchstens motivieren, mein Vertrauen auf Gott zu setzen. Sie machen deutlich, wie Vertrauen geht: niemals theoretisch. Schwimmen lernt auch keiner beim Zuschauen vom Beckenrand aus. Irgendwann kommt der Moment, an dem ich springen muss. Dann heißt es learning by doing. Genauso ist es auch mit dem Glauben an Jesus.

Mit diesem Buch möchte ich Mut machen, den Sprung zu riskieren. Ich will meine Narben und wunden Punkte anbieten, weil ich sie für glaubwürdig halte. Und ich will von dem Potenzial einer Gemeinschaft erzählen, die diesen Glauben miteinander teilt.

Der Apfel fällt vom Stamm

In der Schule wie im Leben
sollte man sein Bestes geben,
denn nur wer sein Bestes gibt,
ist bei jedermann beliebt.
Dein Vater

Diese fünf Zeilen stehen auf der ersten Seite meines Poesiealbums aus der 3. Schulklasse. Mein Lebensmotto, geschrieben von meinem Vater. Der Vater, der sich wenig später sein eigenes Leben nimmt. Und damit meines für immer verändert.

Bis zu diesem Mittwoch vor etwas mehr als zwanzig Jahren wachse ich behütet auf in Lastrup. Ein verschlafenes Kaff bei Cloppenburg, tief in der niedersächsischen Provinz. Fünftausend Einwohner auf zwölf Bauernschaften verteilt. Ich bin ein Kind vom Land, vom Dorf: Onkel mit Bauernhöfen, später auch Windkrafträder, das Eau de Toilette Gülle, die Schweinepest, ein Schulbus, der Dorfladen Kramer – mit angeschlossenem Café – und die Futterkrippe. Bei Letzterer handelt es sich um einen Schnellimbiss, den mein Bruder besuchte, meine Eltern aber strikt verteufelten und für den das Adjektiv »rustikal« ein Lob ist. Auf Wikipedia habe ich gelesen: 2011 wählten 88,9% der Bewohner die CDU. Sagt alles, oder?

Die Mitte von Lastrup ist aber nicht das Rathaus oder ein Politikerbüro, sondern die St. Petrus-Kirche. Die Pinöppel unter der Gebetbuchablage sind das Erste, woran ich mich beim Thema Kirche erinnere. Mit denen konnte ich als Kind so herrlich die Predigtzeit und das Hochgebet überbrücken. Eigentlich waren sie für die Hutablage gedacht, aber mit meiner blühenden Kinderfantasie wurde alles daraus, um eine spannende Zeit zu haben. Den Volltreffer hatte ich erwischt, wenn bereits andere tätige Kinderhände diese Holzstücke so weit vorgelockert hatten, dass ich sie ohne Probleme herausziehen konnte. Dann hielt ich wahlweise ein Flugzeug oder ein Raumschiff in den Händen. So lange, bis die elterliche Hand und ein eindringlich-eindrucksvoller elterlicher Blick das Spiel beendete. Leider fehlte mir in diesem Alter noch die Mahnung Jesu: »Wenn ihr nicht werdet wie die Kinder«, als schlagkräftiges Argument.

Ob es genützt hätte, weiß ich nicht. Aber immerhin gehört Lastrup zu einem katholischen Mistbeet inmitten eines evangelischen Landstriches. Das sozialisiert und prägt unweigerlich. Der Gottesdienstbesuch am Sonntagmorgen war obligatorisch und der parallel laufende Tigerentenclub keine diskutable Alternative. Bei schwierigen Situationen wurde in der Kirche vor dem Marienbild eine Opferkerze angezündet, und der Kinderkreuzweg stand ebenso wenig zur Disposition wie die Beichte vor Hochfesten. Auch in diesem Falle war ich zu jung, um meine Eltern zu fragen, warum sie mir etwas zumuteten, was sie für sich selbst nicht in Betracht zogen. Die beichtwürdigen Punkte wurden mir natürlich unaufgefordert mitgegeben: Wann war ich nicht nett zu meinem Bruder, wann habe ich meinen Eltern nicht gehorcht. Heute würde ich sagen: Was eine fiese Sache, die Beichte als elterliche Erziehungsmaßnahme zu missbrauchen. Denn um Gott selbst ging es jedenfalls nie in diesen Ratschlägen.

Egal, ich tat, was wohl fast alle damals taten: Ich hielt mich an die elterlichen Hinweise und trug die klassischen Dinge vor, ohne wirklich ein tiefes Gefühl der Reue zu empfinden. Schlimmer war für mich ohnehin das aufgeregte Warten vor der dunkelbraunen Beichtbox – was sage ich gleich nur? –, die nicht anregende Gewissheit, in diesen dunklen, muffigen Raum zu müssen, und die Überlegung, wie ich das, was ich zu sagen habe, so sage, dass mich der Mann auf der anderen Seite, der mich ja kennt, danach auch noch mag und nicht komisch anschaut.

Messdiener wurde ich allerdings nicht und ich war auch niemals in der Landjugend oder bei Kolping. Bis heute habe ich nie den Drang verspürt, mich einem kirchlichen Verein anzuschließen. Die damit einhergehenden Verpflichtungen, sozialen Verbindlichkeiten und Spielregeln mag ich nicht. Zumal mich im Laufe meiner Jahre immer mehr der Verdacht beschlich, dass die unausgesprochenen Benimmregeln im Miteinander deutlich gewichtiger sind als der Auftrag, den solch eine Gemeinschaft hat. Auch die klassischen Sommerlager fanden wenig Zustimmung bei mir. Die Vorstellung, in Zelten zu übernachten und gar so etwas wie einen Donnerbalken nutzen zu müssen: furchtbar! Vielleicht kommt jetzt bei dem ein oder anderen nun der Gedanke: »Ach herrje, was ist denn das für ein Kind gewesen?« Er hat recht. Ich war schüchtern, naiv und regelkonform in allen Dingen. Beim Spielen auf der Straße habe ich immer auf das Ende der Runde gewartet, bis ich mich einklinkte. Ich war darum bemüht, nicht aufzufallen und stets die an mich gestellten Erwartungen mehr als ausreichend zu erfüllen. Wenn es in der Schule um Extraaufgaben und Vortragsdinge ging, war ich ganz vorne mit dabei. Schließlich hatte mein Vater mir doch gesagt, was zählte: Immer sein Bestes geben.

An einem Mittwoch wird dieses beschauliche Leben mit dem klaren Motto kaputtgeschlagen. Ich bin gerade dreizehn. Anders als sonst werde ich an diesem Tag nicht von meiner Mutter mit nach Hause genommen, sondern unsere Nachbarin holt mich zusammen mit ihrer Tochter ab. Als wir in meine Straße einbiegen, sehe ich nur einen Haufen von Autos auf unserm Hof und entlang der Straße stehen. Auch anders als sonst, werde ich nicht nur einfach vor der Tür abgesetzt und stapfe hintenrum durch die Garage ins Haus. Diesmal steigt die Nachbarin mit mir aus. Sie klingelt an der Haustüre und eine meiner Tanten öffnet mir. Sie trägt Schwarz. Seltsam. Ich gehe mit ihr in die Küche, noch mehr Verwandte. Alle so still, manche heulen. »Was ist denn hier los?«, frage ich. »Hat dir denn noch keiner was gesagt?«, wird zurückgefragt. Was hat man mir nicht gesagt?

Am Tisch ruft jemand rüber zur Kochküche: »Anneliese, din Söhn is da!«, und meine Mutter erscheint im Türrahmen.

Die Tränen laufen ihr übers Gesicht und sie sagt nur: »Papa ist tot.«, und fällt mir in den Arm. Ich bin einfach nur überrascht. Was soll das denn bitte heißen: »Papa ist tot?« Morgens war doch noch alles wie immer. Ich verstehe das alles nicht.

Für weitere Nachfragen bleibt allerdings auch keine Zeit, denn ich werde aus dem Raum der Erwachsenen abgeführt, in mein Zimmer verfrachtet und allein gelassen. Trauer scheint also eher eine Sache der Großen zu sein. So tue ich, was getan werden muss. Ich packe meine Schultasche aus und mache mich an die Lateinvokabeln, die ich heute aufbekommen habe. »Papa ist tot.« »Papa ist tot.« Dieser Gedanke geht mir immer wieder mal durch den Kopf, ohne dass ich mir recht klar machen kann, was das denn nun genau meint. Na ja. Es ist ohnehin nicht die Zeit, in der er normalerweise zu Hause war. Warten wir's also ab.

Hin und wieder öffnet sich die Tür und einer meiner Verwandten schaut herein. Man findet mich lernend und geht wieder. Irgendwann im Laufe des späten Nachmittages schaut auch mein Heimatpfarrer vorbei, der mir im Unterschied zu vielen anderen seine Hand auf die Schulter legt und nach ein paar Worten über meine Lateinlernerei zu mir sagt: »Es wird eine schwere Zeit. Aber ich bete für dich.« Kinder – und mit meinen zarten dreizehn bin ich definitiv noch ein Kind – spüren, ob so etwas ernst gemeint ist oder nur eine pastorale Floskel der eigenen Hilflosigkeit angesichts dieser Situation. Er meint es definitiv genau so, wie er es sagt. Deswegen tut es gut, das zu hören. Danach lerne ich aber auch wieder weiter.

Wenn ich heute im Gottesdienst für die Verstorbenen bete »Herr, gib ihnen die ewige Ruhe. Und das ewige Licht leuchte

Ihnen. Herr, lass sie ausruhen in deinem Frieden. Amen«, dann passiert es mir immer wieder, dass ich das Gesicht meines Vaters vor Augen habe, wie er mit einem leicht zufriedenen Lächeln in seinem Sarg liegt. So friedlich und entspannt habe ich seine Gesichtszüge zu Lebzeiten nicht erlebt. Auch wenn ich bis heute nicht genau weiß, warum mein Vater seinem Leben ein Ende gesetzt hat; so war mir bei diesem Anblick damals klar: Ihm geht es gut. Er hat seine Ruhe – die war ihm immer sehr wichtig gewesen. Ganz offensichtlich hatte er nun das gefunden, was ihm sein Alltag nicht geben konnte.

Ein wenig davon scheint wohl in uns allen zu stecken. Damit meine ich nicht die Sehnsucht nach Suizid, sondern die Sehnsucht nach einem generellen ›Mehr‹, nach etwas, das die Grenzen des erlebten Alltags übersteigt. Diese Welt macht einfach nicht satt. Genug ist nie genug und den Hals können wir einfach nicht voll bekommen. Gut ist es immer nur für einen Moment, den wir aber nicht festhalten können. Er vergeht und verschwindet.

Wenn ich durch die Dünen wandere, meine Füße in den Sand des Nordseestrandes grabe und einen Blick auf die Weiten des Meeres riskiere, dann werden die Sorgen des Alltages ganz klein und lächerlich unbedeutend. Ja, ja, ich weiß: Das klingt unglaublich rührselig. Aber ist wirklich so. Dieser Moment ist ein Garant für tiefes Durchatmen und Loslassen. Herrlich. Und wenn ich nach dem Urlaub wieder einige Wochen im Alltagstrott bin. .. Okay, man soll ja nicht lügen: Wenn mich also nach wenigen Tagen der Alltagstrott wieder im Griff hat, dann scheint dieser Moment Generationen zurückzuliegen. Schrecklich. Aber es gehört wohl eben zum

Leben dazu. Das galt schon zu biblischen Zeiten. Als Petrus voller Entzücken beim Anblick Jesu drei Hütten bauen wollte, um die Einzigartigkeit des Augenblicks festzuhalten, da durfte er nicht. Nein, es ging kurz danach zurück in die Niederungen des Alltags. Nicht nur das, anschließend wurde es richtig ungemütlich und die Leidenszeit begann. (Mt 17,1–8)

Auch Paulus kennt die Flüchtigkeit des Augenblicks nur zu gut. Er scheint selten in seinem Leben an einen Punkt gekommen zu sein, an dem alles für einen Augenblick gut ist. Deswegen war er bemüht, das Bruchstückhafte seines Lebens zusammenzuhalten und seiner Lebenssehnsucht ein ziemlich klares Ziel zu geben, das für manchen im ersten Moment lebensmüde klingen mag: »Manchmal würde ich am liebsten schon jetzt sterben, um bei Christus zu sein. Gibt es etwas Besseres?« (Phil 1,23) Erst da wird alles einmal wirklich gut sein. Weil es diesen Gott auf der anderen Seite des Lebens tatsächlich gibt, deswegen lohnt es sich, durchzuhalten, auszuhalten und sich in diesem Leben zu engagieren.

Durchhalten, aushalten, sich in diesem Leben engagieren: Nach dem Tod meines Vaters hätte ich das so klar nicht formulieren können und wohl auch gar nicht wollen. Ich weiß nicht einmal, ob ich es hätte hören wollen. Was ich brauchte, war ein Ort für meine Fragen und Emotionen. Nur wie sollte ich als Dreizehnjähriger jemandem mein inneres Chaos klarmachen? Also tat ich das, was ich mir von meiner Mutter abgeschaut hatte: Wenn du Probleme hast, geh' in die Kirche und zünde eine Kerze an. Das muss damals das erste Mal gewesen sein, dass ich einfach so am Nachmittag meine Heimatkirche betrat, obwohl kein Gottesdienst anstand.

Ich zündete also meine Kerze an – und empfand nichts. Da war kein Gefühl der Erleichterung, keine neue innere Kraft, kein Aufatmen. Da war einfach nichts anders als zuvor. Enttäuschend. Auch ein gebetetes Vaterunser und Ave Maria änderte nichts daran. Das Ave Maria hatte ich nur deshalb noch gebetet, weil es mir merkwürdig erschien, vor dem Bild der Mutter Gottes ein Vaterunser zu sprechen. Doch es ging mir noch immer so erbärmlich wie zuvor. Ich stand auf. Wenn ich schon einmal da war, konnte ich ja wenigstens eine Runde durch die Kirche drehen. Machte ich auch und stand plötzlich vor dem Kreuz. Wie auch immer es genau passiert sein mag, aber auf einmal blickte ich anders als sonst auf dieses Kreuz. Es war der Anfang. Irgendetwas an diesem Anblick hielt mich gefangen. Ich setzte mich in die Bank und blieb. Ich blieb unter dem Kreuz sitzen und harrte aus. Diese halbnackte Leiche am Kreuz sah so elendig aus, wie ich mich fühlte. Der Gekreuzigte und ich hatten auf einmal etwas gemeinsam. Ihm ging es dreckig und mir ebenso. Geteiltes Leid machte bei Weitem kein halbes Leid. Dennoch war da eine stille Übereinkunft zweier, die beide von ihrem Vater im Stich gelassen worden waren. Als ich schließlich wieder mit dem Fahrrad nach Haus fuhr, ging die leise Ahnung mit, dass an diesem Ort noch mehr war, dass es sich lohnen würde zurückzukommen.

Weil die gemeinsamen Gänge mit meiner Mutter zum Friedhof jedes Mal tief deprimierend waren und nie zu einem Gespräch führten über das, was mein Vater getan hatte, wurde der Platz vor dem Kreuz zu meinem Trauerbewältigungsort. Mehrmals in der Woche erschien ich zu unserem

Treffen. Schweigende Sit-ins, tränenreiche Aufenthalte und wütende Tiraden. All das hielt dieser Jesus am Kreuz aus. Er hatte ja auch keine Wahl. Weglaufen konnte er nicht, so angenagelt wie er war. Finden Sie heute mal jemanden, zu dem Sie immer und immer und immer und immer wieder mit derselben Geschichte kommen können, ohne dass er genervt den Telefonhörer auflegt, die Straßenseite wechselt oder den Kontakt zu Ihnen meidet. All mein Unverstehen, all meine Trauer, alles Gefühlschaos schmiss ich diesem Jesus hin.

Dieses Hinschmeißen hat etwas gebracht. Mit jedem Mal in der Kirchbank und mit jedem Blick zum Kreuz wuchs in mir das Gefühl und die Gewissheit, dass da jemand ist, der mir wirklich zuhört, der mich in diesen bitteren Momenten nicht alleine lässt. Dieser Jesus wusste, was sich in meinen Untiefen abspielte, und verstand. Das veränderte nichts an meiner Situation. Die war nach wie vor mehr als bescheiden. Das machte den Schmerz nicht schöner und sinniger, den Tod nicht ungeschehen. Aber ich war nicht mehr einsam in dieser Misere. Ich war mir plötzlich sicher, da ist ein Gott, der mich versteht.

Diese Sicherheit hat sich bis heute nicht verändert. Oder vielleicht doch, sie ist größer geworden: Es gibt Gott, das ist ganz eindeutig klar. Nur weil wir ihn nicht sehen können, ändert sich nichts daran. Die entscheidenden Dinge des Lebens können wir nämlich nicht sehen. Dennoch sind es genau sie, die unser Handeln motivieren, uns zu Höchstleistungen anspornen und jedem Tag Sinn verleihen.

Haben Sie schon einmal den Frieden gesehen? Haben Sie je mit der Gerechtigkeit gefrühstückt oder mit der Liebe zu

Mittag gegessen? Trotzdem würde bei diesen Dingen keiner behaupten, dass sie inexistent sind.

Wenn aber doch einer kommt und sagt, die Liebe gibt es nicht, wie wollen Sie ihm dann das Gegenteil beweisen? Liebe, Friede, Gerechtigkeit, das alles sind bloße Worte. Es ist nichts mehr als eine Aneinanderreihung von Buchstaben. Bei den gerade genannten Begriffen haben Sie eben nur ein paar Buchstaben mehr als beim Wort Gott, ansonsten ist da kein großer Unterschied. Schließlich sind es übergreifende Erfahrungen, kollektive Erlebnisse, die über Generationen hinweg gemacht werden und diese bloßen Worte mit Leben und Existenz füllen.

Da wo Menschen sich nicht mehr gegenseitig das Leben zur Hölle machen und ohne Rücksicht auf Verluste das Leben des anderen zu vernichten versuchen, da erleben wir so etwas wie Friede. Da wo ich angenommen bin, mit all meinen Fehlern und Schwächen, mit all meinen Unzulänglichkeiten, dort wo jemand in meinen schlechtesten Momenten Ja zu mir sagt, da erlebe ich, was Liebe meint. Genau so kann ich Gott erleben. Und genau das erlebte ich in dem Moment, als ich es vielleicht am meisten brauchte.

Die Bibel kennt unzählige Geschichten von der Sehnsucht und der Suche nach dieser Liebe, die Gott ist. Erst später habe ich diese Erfahrung mit biblischen Sätzen wie »Kommt alle her zu mir, die ihr euch abmüht und unter eurer Last leidet! Ich werde euch Ruhe geben« (Mt 11,28) in Verbindung bringen können. Meine Sit-ins in der Kirche und unter dem Kreuz haben mir Ruhe verschafft. Wenigstens für diese Zeit konnte alles raus, fühlte ich mich verstanden und ein wenig aufgehoben. Deshalb habe ich ziemlich intuitiv verstehen können, warum die blutflüssige Frau (Lk 8,43–48) unbedingt Jesus anfassen wollte oder ihm eine Frau weinend zu Füßen fiel (Lk 7,36–49). Immer wieder diese Sehnsuchtsbewegungen, dass von Jesus etwas zu holen ist, was der ganze Alltag mit seinen Möglichkeiten nicht bieten kann.

Falls Sie sich die Frage stellen, ob nicht ein Psychologe oder eine professionelle Trauerbegleitung in diesem Moment ratsam gewesen wäre, so sage ich klar: Vermutlich wäre das angesagt gewesen. War es aber nicht. Und ganz sicher säße ich dann nicht hier, schriebe nicht diese Zeilen und stände nicht an dem Punkt meines Lebens, an dem ich nun angekommen bin. Und an dem es gerade gut ist – zumindest für den Moment.

Damals allerdings war gar nichts gut. Wer mit dreizehn Jahren den Suizid seines Vaters alleine zu meistern sucht und gerade erst anfängt, eine Beziehung zu Gott aufzubauen, der rutscht unweigerlich in Kompensationsmuster. Ich jedenfalls tat es. Unvermeidlich trieben insgeheime Fragen ihr Unwesen in mir: Habe ich etwas getan, das meinen Vater zu diesem Schritt veranlasst hat? Habe ich ihn verärgert, enttäuscht, Erwartungen nicht erfüllt? Hatte ich nicht mein Bestes gegeben und mich daher nicht bei ihm beliebt genug gemacht, obwohl er es doch in mein Poesiealbum geschrieben hatte? Kurz: War ich schuld?

So oder so, setzte sich etwas Verqueres in mir fest. Das Resultat: Neue schulische Höchstleistungen. Vom bemühten Durchschnittschüler zum ambitionierten Musterknaben. Nach einem Jahr emsiger Leistungssteigerung war ich bei 1,3 angelangt und habe es beim Abi noch zur Schnapszahl hoch-fahren können.

Der Preis: Keine Partys, kein Alkohol – mein erstes Glas habe ich nach der Zeugnisvergabe getrunken – und keine wirklichen Hobbys. Alles wurde der Maxime untergeordnet, wenigstens im Nachhinein den eingebildeten Überansprü-chen meines Vaters gerecht zu werden.

Seltsamerweise hat das nie dazu geführt, dass ich ge-mobbt oder auf andere Art und Weise an der Schule ausge-grenzt wurde. Dafür war ich wohl einfach zu lieb und auch zu freigebig, was die Hausaufgaben anging. Immer wieder gab es sogar vorzugsweise Mitschülerinnen, die den Versuch un-ternahmen, mich von dem Mehr an Möglichkeiten dieses Le-bens zu überzeugen. Es muss eine Sysiphusaufgabe gewesen sein. Aber bis zum Abitur haben sie nicht davon abgelassen. Jetzt weiß ich zumindest, wie sich Gott bei den Israeliten in der Wüste gefühlt haben muss. Immer und immer wieder hat er ihnen seine Hilfe angeboten, ihnen gezeigt, dass es einen Weg heraus gibt und es sich lohnt, ihn zu gehen. Nicht zu ver-gessen all die Vertrauensbeweise, die sie ihm wert waren, vom Manna in der Wüste über das Wasser aus dem Felsen und den Weg durch die Fluten. Aber hat es was genutzt? Nein. Sie ha-ben es nicht verstehen und glauben können. Genauso wie mir im Laufe der Schulzeit der Glaube abhandengekommen war, dass mich tatsächlich jemand mögen konnte unabhängig von meiner Leistung. Was qualifizierte mich denn für die kosten-freie Zuneigung? Was sollte jemand in mir sehen, der noch keinen Einblick in meine Leistungsfähigkeiten erhalten hat-te? Deshalb waren es zum einen faszinierende Erfahrungen, wenn es da jemanden gab, der sich für mich interessierte, obwohl er von meiner Leistungsfähigkeit noch nichts wissen konnte. Zum andern aber verstörten sie, da sie nicht in mein kleines Weltbild passten. Ist diese Zuwendung glaubwürdig? Da hielt ich es schlussendlich lieber mit den Israeliten und goss mir mein goldenes Kalb aus Zeugnisnoten und Respekt. Da wusste ich, was ich hatte. Das war greifbar, messbar, und glänzte so schön golden.

Ich war also nicht nur, was ich leiste. Ich war auch nur so liebenswert, wie ich leiste. Das war meine kleine Welt, in der ich gefangen war.

Nur die Augenblicke in der Kirche waren eine leistungsfreie Zone. Sie erlaubten ein kurzzeitiges Auftauchen daraus. Wie gruselig, denke ich mir heute. Aber der Mensch ist eben ein Gewohnheitstier und sehr anpassungsfähig. Zumindest ist er das vorübergehend. Denn alles hat seinen Preis. Das ist keine Floskel und das habe ich bitter erfahren müssen. Denn leider gehörte ich nicht zur Fraktion der von Natur aus begnadeten Menschen, die eine gehörige Portion an Intelligenz mitbekommen hatten. Ich musste mir alles erarbeiten, hart erarbeiten. Je zwanghafter man jedoch so eine Sache anpackt, desto schwieriger wird das Vorankommen. Eine Mehrzeit an Lernraum hatte ich mir schon dadurch erwirtschaftet, dass ich am Wochenende nicht auf Tour ging. Mein Wochenendgenuss bestand am Freitagabend in den Abenteuern von Raumschiff Voyager mit Captain Catherine Janeway ... lassen wir das lieber ...

Doch das reichte noch nicht aus. Also schob ich die Schlafenszeit nach hinten: Ich saß bis nachts um eins oder zwei am

Schreibtisch und das so an fünf bis sechs oder sieben Tagen die Woche. So hielt übrigens auch der Kaffeekonsum Einzug in mein Leben – bis heute.

Als pubertierender Heranwachsender ist das allerdings nicht wirklich förderlich. Mein Körper gab mir das auch relativ deutlich zu verstehen. Nach dem Tod meines Vaters hatte ich das Schwimmen im Verein eingestellt. Sie wissen warum: Mehr Zeit fürs Wesentliche. Das ließen mich Rücken und Nabelbrüche spüren. Mit den nächtlichen Lernattacken schwand das Immunsystem und ich wurde zur beliebten Herberge aller möglichen Infektionen. Das steigerte sich sogar so weit, dass meine Mutter hin und wieder mal des Nachts einen Arzt zu uns nach Hause bemühen musste, weil das Fieber in die Höhe schoss.

Apropos Mutter. Wenn Sie sich fragen, was denn die anderen Familienmitglieder dazu sagten: Widerspruch gegen meine Lebensweise war zwecklos.

Das krankhafte und krank machende Lernverhalten führte dann auch zur Misere beim Abi. Vollkommen ausgelaugt und angeschlagen bin ich in die Prüfungsphase gegangen und das konnte nur nach hinten losgehen. Deswegen war die 1,1 im Abi auch nur ein begrenzter Anlass zur Freude.

Das Erbe der Väter...

Nach dem Abitur war ich erst einmal planlos. Eigentlich hatte ich ja Chirurg werden wollen. Deswegen arbeitete ich während der Sommerferien ab der elften Klasse in einem Krankenhaus als Praktikant. Mein Lohn: Einblicke in die OP-Welt. Mein erster Genuss war eine Unterschenkelamputation. Ich war begeistert und bin auch heute noch davon fasziniert, wie der menschliche Körper aufgebaut ist und welche Möglichkeiten die Medizin bietet, auf ihn einzuwirken. Andererseits war mir damals eines klar: Wenn ich diesen Weg wählte, dann war dem Ausbau des Leistungswahns Tür und Tor geöffnet. Dass mir das nicht gut bekommen würde, ahnte ich. Dass Leistung definitiv nicht glücklich machte, spürte ich dank meines Körpers. Ich war ratlos. Was nun?

Was durch die Schuljahre hindurch geblieben und sogar gewachsen war, war das Reden mit Jesus, auch Beten genannt. Das ging sogar so weit, dass ich in den Ferien werktags um acht in die Frühmesse ging. Mit meinen vierzehn Jahren senkte ich den Altersdurchschnitt gewaltig. Aber ich fühlte mich wohl. Die Älteren, zumeist Damen, waren herrlich unbedrohlich und lächelten mich durchweg liebenswürdig und freundlich an. Das war super. Dennoch kam es nie vor, dass mich jemand konkret ansprach. Aus meiner heutigen Sicht als Priester würde ich natürlich sagen: Was eine vertane Chance! Außerdem lernte ich durch diese morgendlichen Kirchenbesuche eine gottesdienstliche Grundlektion: Jeder hat seinen festen Traditionsplatz und der steht definitiv nicht zur Disposition. Auch wenn schon in den Neunzigern kein Platzmangel mehr in den Bänken herrschte.

Das Beten und das Wissen, dass dieser Gott da ist, waren die Freiheitszonen meines Alltags. Was, wenn ich alles auf diese Karten setzen würde, wenn ich versuchen würde, damit ein Leben zu bauen? Mir schien das der Rettungsanker zu sein. Was macht man beruflich mit dem Glauben, wenn man also mit Gott leben und professionell beten will? Man wird Priester! Und so zog ich direkt nach dem Abi im Seminar.

Das Priesterseminar. Was war das doch für eine eigene Welt und wie fehl am Platz fühlte ich mich dort. All diese religiösen Überflieger und ich hatte von nichts eine Ahnung. Stundengebet: Was um Himmels willen sollte denn das sein? Da bekam ich dieses dicke, noch nie zuvor gesehene Gebetbuch in die Hand gedrückt und alle schienen zu wissen, wo was aufgeschlagen werden musste. Nur ich nicht. Gott sei Dank gab es jemanden, der neben mir in der Bank saß und geschwind die Bändchen so einsortierte, dass ich nur noch darauf zu achten hatte, wann mein Banknachbar nach welchem farbigen Lesezeichen griff. Dann dieses geheimnisvolle Verbeugen und sich Bekreuzigen. Warum bitte? Und wann war was dran? Ich habe seitdem so viel Verständnis für jeden, der sich bei katholischen Ritualen überfordert fühlt. Erst im Laufe des Studiums habe ich dann verstanden, warum was wann getan wird. Im Seminar nachzufragen, schien mir unangebracht; denn irgendwie gaben ja alle vor, Bescheid zu wissen, und die Blöße, als Landei nicht ausreichend religiöse Erziehung genossen zu haben, die wollte ich mir nicht geben. Hätte ja nicht zum Leistungsimage gepasst. Das war nämlich leider ins Priesterseminar mit eingezogen.

Wenn es doch nur beim Stundengebet geblieben wäre. Aber nein, es tat sich noch so viel mehr auf: Mediation, lectio divina, ignatianische Exerzitien im Alltag, eucharistische Anbetung, Rosenkranz, Kontemplation, Domliturgien mit eigener Choreographie, Schriftbetrachtung, Andachten, Wüstentage, Recollectiones, Stille Donnerstage, spirituelle Impulse, tägliche Eucharistiefeier ... Es gibt definitiv so etwas wie eine Gnadenvergiftung.

Das alles mitzumachen, sich darauf einzulassen und irgendwie einen Mehrwert darin zu erkennen, hatte mehr mit sportlichem Durchhaltevermögen gemeinsam, als dass das meine Beziehung zu Gott vertieft hätte. Allerdings traf diese Vermittlung genau meine Achillesferse, die ich doch unbedingt hinter mir lassen wollte: meinen verdammten Leistungsdämon. Bei diesen Möglichkeiten breitete er sich ohne großes Zutun aus. Das war ein glatter Selbstläufer. Ich kam am selben Punkt heraus wie zu Schulzeiten: Gib dein Bestes. Erfülle alle Anforderungen mustergültig, dann mag man dich. Die Konsequenz: Es ging recht bald nicht mehr um eine wachsende Beziehung zu Gott. Er geriet aus dem Blickfeld zugunsten der Ausbilder und ihrer Anforderungen. Ihnen wollte ich genügen. Was Gott von mir wollte, schien ohnehin schwierig zu ergründen. Demgegenüber waren die konkreten Erwartungen geradezu ein Paradies.

Jesus kritisiert einmal die Pharisäer, die sich in vielen Worten und spirituellen Übungen ergehen, ohne dass sie das einen Schritt näher zu Gott bringen würde. Ich verstehe diese Kritik nur zu gut. FormVIELfalt bedeutet eben noch lange nicht Tiefgang. Und die Masse an frommen Übungen ist nicht gleichbedeutend mit Gotteserkenntnis oder Gottesbeziehung. Ein schönes Beispiel dafür waren unsere täglichen Meditationseinheiten: Während der Einschulungsphase ins Seminarleben stand ein Pflegepraktikum auf dem Programm, das ich in der Onkologie verbrachte. Nach der Frühschicht folgte für uns Anfänger die vorabendliche Betrachtungszeit. Während dieser Phase gab es regelmäßig sich ausbreitende gleichmäßige Atemzüge, die zumeist nicht für die Tiefe der Versenkung standen. Spätestens wenn ein mehr oder weniger dezentes Schnarchen den Raum erfüllte, war klar, dass sich jemand mit der Auseinandersetzung mit der biblischen Erkenntnis beschäftigte: Den Seinen gibt es der Herr im Schlaf. (Ps 127,2) Diese eigenständige Programmabweichung traf allerdings nur bedingt auf die Gegenliebe unseres Spirituals. Und ob Gotteserkenntnis wirklich dabei heraussprang, nun ja.

Ein echtes Highlight hingegen waren die Bibelwochen: vorne anfangen und hinten aufhören. Das war die Devise während dieser Zeit. Ein echter Luxus – außer natürlich für diejenigen, bei denen diese Vorstellung eher ein verzweifeltes Schaudern auslöst. Doch wer hat im Alltag diese Freiheit?

Auch wenn das tägliche Lesen in der Bibel für mein Leben ein fester Bestandteil ist, braucht es deutlich mehr Disziplin, das in all den Alltagsverbindlichkeiten durchzuhalten, als es zu der Zeit der Fall war.

Richtig fordernd waren die ersten Exerzitien. Eine Woche lang schweigen, kein Handy, kein Roman, kein Fernsehen oder MP3-Player. Tablet mit Amazon Prime oder Netflix Account, das gab es 2003 alles sowieso noch nicht und Whats-App und Facebook waren auch noch nicht erfunden. Die ersten Tage waren hart. Schließlich sprachen wir ja auch nicht miteinander. Ich war also ganz bei mir. Sich selbst auszuhalten ist nicht immer schön. Was man in der Zeit macht? Beten, Bibel lesen und zwei Impulse pro Tag mitnehmen auf diese Reise ins eigene Ich. Dazu kommt noch ein halbstündiges Gespräch mit dem Leiter dieser Woche.

Diese Zeit war hart. Aber auch effektiver als alle religiösen Übungseinheiten zuvor. Ich glaube aus der Mönchstradition stammt die weise Erkenntnis: Die Zelle – also dein Zimmer – wird dich die Wahrheit deines Lebens lehren. Ohne Ablenkung, ohne Möglichkeit der Flucht vor sich selbst, spült das Innere von ganz allein die relevanten Themen nach oben. Exerzitien bedeuten zu Recht ins Deutsche übersetzt: »Übungen«. Diese Übungen sind alles andere als Wellnessveranstaltungen. Die Themen lassen sich nicht einfach in die Ecke zurückschieben, aus der sie gekommen sind. Sie können keinen Fernseher einschalten, um einen anderen Film drüberzulegen. Es hilft nur eines: ran und durch. Nur das ist am Ende heilsam. Nur in diesem stillen Alleinsein hat die Stimme des Inneren eine Chance, sich bemerkbar zu machen und durchzusetzen. Richtig schlimm wird es, wenn die Bibelstellen, die Sie sich zu Gemüte führen, so richtig brüllen und Ihnen das Thema wie eine dicke Schicht Nutella aufs Brot schmieren. Nur sind diese Themen zumeist nicht so zuckersüß wie Nutella.

Ich erinnere mich zum Beispiel gut an eine Bibelstelle, die ich im Verlauf meiner Exerzitien las und die mich durchschüttelte: »Während Jesus mit seinen Jüngern unterwegs war, wurde er von einem Mann angesprochen: ›Ich will mit dir gehen, ganz gleich wohin.‹ Jesus antwortete ihm: ›Die Füchse haben ihren Bau und die Vögel ihre Nester; aber der Menschensohn hat keinen Platz, an dem er sich ausruhen kann.‹ Einen anderen forderte Jesus auf: ›Komm, folge mir nach!‹ Er erwiderte: ›Ja, Herr, aber vorher lass mich noch nach Hause gehen und meinen Vater bestatten.‹ Da antwortete Jesus: ›Überlass es den Toten, ihre Toten zu begraben. Du aber sollst dich auf den Weg machen und die Botschaft von Gottes Reich verkünden.‹ Wieder ein anderer sagte zu Jesus: ›Ich will mit dir kommen, Herr. Erlaube mir aber, mich vorher noch von meiner Familie zu verabschieden.‹ Ihm antwortete Jesus: ›Wer beim Pflügen nach hinten schaut, den kann Gott in seinem Reich nicht brauchen.‹« (Lk 9,57–62)

Es geht in diesen Zeilen um Nachfolge und der Duktus ist so klassisch Jesus. Klare Kante, keine Umschweife und viel nicht zu verstehen gibt es daran auch nicht. Zugleich verschrecken diese Verse, weil sie im ersten Moment so wenig attraktiv sind. Sein schickes Heim loszulassen, seine familiären Bindungen zu ignorieren und den Blick nie mehr reumütig zurückzuwenden: Wer hat darauf schon Bock?

Ich brauchte lange, um zu begreifen, dass es um einen Traum von Freiheit geht, der größer ist als diese Ängste. Genau genommen sind es drei Freiheiten: Keine Höhlen, keine Nester, keine Sicherheiten. Binde dich nicht an Dinge, die am Ende keine letzte Garantie bieten können. Wir Menschen sind so zerbrechliche Wesen, ein bisschen Krebs hier, ein Tiefschlag dort und wir sind aus der Bahn geworfen. Da ist es dann egal, wie hübsch das Eigenheim ist. Du musst nicht alles im Leben haben. Häng dich also nicht daran!

Mein Leben war damals verdammt eng und klein – so eng gemacht und klein gemacht und ich hatte einen ordentlichen Anteil daran. Ich brauchte meine Korridore und meine Sicherheiten. Ich wollte das eigentlich nicht. Aber raus fand ich auch nicht. Die Zwänge, die ich beklagte, brauchte ich für mein Rückgrat. Was würde passieren, wenn ich losließe? Fliegen oder fallen, das war die Frage. Jesu Versprechen ist da aber eindeutig: Ich bin der Weg. (Joh 14,6) Erweitere deinen Horizont. Da ist ein Mehr an Leben, eine tiefere Befriedigung zu holen. Lass dir Flügel verleihen – das wollte ich. Das will ich.

Es gibt den Tod und er ist ein mieser Spielverderber, weil er uns einfach nur nimmt. Aber ihm gehört nicht die Zukunft. Auf der anderen Seite des Lebens wartet jemand auf uns, Gott. Auch in diesem Leben, bei all den kleinen Toden, die wir sterben, ist Auferstehung möglich. Zerplatzte Träume, zerbrochene Beziehungen, vertane Chancen. Es gibt so viel, was im Laufe des Lebens immer wieder stirbt. Ich hatte meinen Vater verloren, definitiv auch ein Stück »normale« Jugend und irgendwie das Vertrauen ins Leben. Das bestimmte mich und hielt mich gefangen, ohne dass ich mich dagegen hätte recht zur Wehr setzen können. Da schlug Jesu Versprechen wie eine Bombe ein: Ich bin das Leben. (Joh 14,6) Halt dich nicht am Tod fest, lass ihm nicht das letzte Wort. Steh auf – das wollte ich. Das will ich!

Wer nur zurückblickt, kommt keinen Schritt in die Zukunft weiter. Mit dem Blick zurück lässt sich keine gerade Furche ziehen. Das geht nur mit dem Blick nach vorn gewandt, auf ein Ziel hin. Ich wollte nicht mehr von gestern sein, ich wollte nach vorne schauen. Aber welchem Ruf sollte ich denn trauen? Dem, der mir aus der Vergangenheit hinterherschrie? Dem, der sich hier gerade vor mir auftat? Dem, der aus den Ausbildungsmaßnahmen des Priesterseminares rief? Das verhieß eher Zickzack-Furchen als ein schönes Gleichmaß. Jesu dagegen verspricht: Ich bin die Wahrheit. (Joh 14,6) Da war er wieder, dieser Moment bei Jesus, den ich aus meiner Zeit in der Kirchenbank kannte und der die Wogen glättete – das wollte ich. Das will ich!

Ich wollte und will auf diese drei Versprechen Jesu mein Leben bauen. Fliegen, weil er der Weg, das Leben und die Wahrheit ist. »Durch Christus sind wir frei geworden, damit wir als Befreite leben« (Gal 5,1), heißt es. Es tat gut, diese Worte zu lesen, sich ihnen zu stellen. Obwohl sie schmerzten. Sie riefen eine Sehnsucht wach, die meine gegenwärtige Situation nicht einlösen konnte. Wie formulierte Ernst Bloch doch so schön: »Die Sehnsucht scheint mir die einzige ehrliche Eigenschaft des Menschen.« Es war der Einblick in eine alternative, in eine neue Welt. Und die wollte ich haben!

... hinter sich lassen

Im alttestamentlichen Buch Tobit muss sich Tobias auf eine Reise begeben. Er soll nach Rages in Medien reisen. Doch es gibt ein Problem. Er kennt den Weg nicht. So sucht Tobias nach einem Gefährten, der seine mangelnden Ortskenntnisse auffangen kann. Er trifft überraschenderweise auf einen Engel, der ihm seine Hilfe anbietet. So wie Tobias Raphael brauchte, um seinen Weg zu finden, brauchte ich ebenfalls gute Wegbegleiter, die sich mit mir auf die Reise machen wollten. Wer in Gegenden vordringt, die ihm unbekannt sind, der braucht Hilfe. Eine kleine Vorstellung von dem, was sein könnte, hatte ich zwar. Aber wie die konkreten Umsetzungsschritte aussahen, blieb mir mehr als schleierhaft. Die Sehnsucht allein macht auf Dauer auch nicht glücklich. Schließlich spürte ich noch nichts von all den schönen Verheißungen, die aus dem Munde Jesu kamen. Meine entscheidende Frage an mögliche Kompetenzen bei dieser Wegfindung war letztlich identisch mit der Tobias': Kennst du den Weg? Bist du mit der Gegend vertraut? (Tobit 5,5)

Zuerst einmal fragte ich beim damaligen Exerzitienleiter an, zu dem ich mit meiner Bibeleinsicht ging. Die war damals natürlich noch nicht so formuliert, wie das hier der Fall ist.

Als Reaktion gab es jedenfalls ein wissendes Schmunzeln und die Antwort: »Wissen Sie, Herr Olding, Gott braucht schon ein bisschen mehr, um Sie ins Priesterseminar zu bekommen. Unter den hehren Absichten liegt das Entscheidende. Jeder steigt durch ein Seitenfenster ein. Das ist o.k. Wichtig ist nur, dass egal, wann Sie wieder gehen, dass Sie dann das Gebäude durch den Hauptausgang verlassen.« Mein Seitenfenster war also der Tod meines Vaters. Toll! Die Frage war jetzt nur noch: Wie komme ich zum Hauptausgang?

Der weise Mann hinter diesem Satz war zugleich Psychologe. Er brauchte nicht lange, mir die Sinnhaftigkeit einer Aufarbeitung meiner Familiengeschichte deutlich zu machen. Sieben Jahre nach dem Tod meines Vaters sprach ich zum ersten Mal ausführlich mit jemandem über alles, für das es so lange keinen Gesprächspartner gegeben hatte. Leider kann ich nicht sagen, dass das den großen Befreiungsschlag bedeutete. Vielmehr konnte ich die Passagen der Bibel nachvollziehen, in denen die Besessenen von ihren Dämonen hin und her gerissen werden. »Kaum hatte er Jesus gesehen, fing er an zu schreien. Er warf sich vor ihm nieder und rief laut: ›Was willst du von mir, Jesus, du Sohn Gottes des Höchsten? Ich flehe dich an, quäle mich nicht!‹« (Lk 8,28)

Klar, ich wollte die belastenden Muster loswerden. Ich spürte ja und hatte auch leidlich erfahren, dass Leistung nicht glücklich macht und auch kein adäquater Ersatz für menschliche Zuneigung ist. Trotz allem wollte ich diesen Untermieter aber auch nicht direkt rauswerfen. Gab es denn da wirklich etwas anderes? War das wirklich erfüllend? Oder drohte nur die nächste Enttäuschung – und wenn ja, was bliebe mir dann noch? So zerrte der Leistungsdämon an mir und wehrte sich gegen die Verheißung Jesu, die durch den Exerzitienleiter und die Therapie bedrohlich konkret und lebensverändernd zu werden drohte.

Jede Leerstelle will gefüllt werden. Die Gefahr, einen Kompensationsmechanismus durch einen anderen zu ersetzen, ist nur allzu groß. Das weiß die Bibel sehr eindeutig zu benennen und auf den Punkt zu bringen: »Wenn ein Dämon ausgetrieben wird, irrt er in öden Gegenden umher auf der Suche nach einem neuen Opfer. Findet er keins, entschließt er sich: ›Ich will dorthin zurückkehren, woher ich gekommen bin.‹ Wenn er zurückkommt und seine frühere Wohnung sauber und geschmückt, aber leer vorfindet, dann sucht er sich sieben andere Geister, die noch schlimmer sind als er selbst. Zusammen ergreifen sie Besitz von dem Menschen, der nun schlimmer dran ist als vorher.« (Mt 12,43–45)

Sich zu verändern ist kein leichter Prozess. Der Mensch ist eben ein Gewohnheitstier und die Vertrautheit der Misere verspricht immer noch mehr Sicherheit als das unbekannte Land möglicher Freiheit. Da weiß man leider noch nicht, was man dran hat. Mal drastisch formuliert: Ist das Licht am Ende des Tunnels wirklich ein Ausgang oder doch nur ein Zug? Andererseits war mir auch klar: Ob Ausgang oder Zug, viel schlimmer konnte es die Sache auch nicht machen. Ich war an einem Punkt angelangt, an dem das Verharren unerträglich schmerzte. Gar nicht erst anzufangen, bot sich als Option nicht an! Trotzdem hatte ich gewaltige Angst. Denn mir schwante, dass die Aufarbeitung nicht bei einem »wir reden mal drüber« stehen bleiben würde.

Der Blick richtete sich also auf die Familie und das Erbe, das mir durch diese Geschichte mitgegeben worden war. Ich erkannte, dass in meinem Leben andere für mich Entscheidungen getroffen hatten, die tiefe Spuren im Leben hinterließen.

Als ich das erste Mal die psychotherapeutische Praxis betrat, fühlte ich mich wie ein Kleinkrimineller, der kurz davor ist, eine verbotene Tat zu begehen. Leider lagen die Räumlichkeiten in keiner Seitenstraße. Der Eingang befand sich vielmehr unmittelbar neben der offenen Tür einer Bäckerei in einer Fußgängerzone. War das ein Zeichen, doch zu kneifen und den Termin einfach fallen zu lassen? Ich ging vorbei und lief die Straße weiter entlang. Wie heiß es doch plötzlich war. Ich schaute auf die Uhr. Zehn Minuten blieben mir noch. Ich wanderte um den Häuserblock herum und bog erneut in die Zielstraße. Die Bäckerei kam wieder in Sicht. Ich wurde langsamer und ging vorbei. Man war das anstrengend. Um nochmals um den Block zu wandern, blieb keine Zeit. Ich drehte also um und ging wieder auf die Praxis zu. Kurz vor der Tür überlegte ich es mir anders und ging in die Bäckerei. Ich kaufte mir erst einmal vier Brötchen, weil mir ein oder zwei zu auffällig schienen. Die Verkäuferin hätte ja erahnen können, was mein eigentliches Ziel war. Nach dem Bezahlen allerdings blieb mir keine andere Wahl und keine Zeit. Ich ging zur Praxistür nebenan und drückte gegen die Tür. Sie war verschlossen. Was? Natürlich musste ich klingeln und warten. Mich umzudrehen und zu schauen, ob die Verkäuferin der Bäckerei mir hinterherstarrte, traute ich mich nicht. Das erlösende Surren des Türöffners ließ gefühlte Stunden auf sich warten.

Die Praxis war erstaunlich stilvoll eingerichtet und die zwei Leidensgenossen im Wartezimmer sahen auch gar nicht so verrückt aus. Ein Vorteil beim Psychotherapeuten: Es gibt keine Wartezeiten. Sie kommen definitiv zum vereinbarten Zeitpunkt an die Reihe. Die erste herbe Enttäuschung erfolgte dann im Sprechzimmer: Es gab keine Liege. Was war das denn? Scheinbar schleppte ich als Kind vom Lande doch zu viele Klischees mit mir herum. Außerdem hatte ich mich schon darauf vorbereitet, wie ich meine Geschichte erzählen könnte, ohne einen zu schlechten Eindruck zu hinterlassen. Aber weit gefehlt. Ich durfte gar nicht erzählen. Stattdessen bekam ich einen umfänglichen Fragebogen in die Hand gedrückt, den ich bis zum nächsten Mal ausfüllen durfte. Was ich für harmlose Fragen hielt, entpuppte sich als entlarvende Verhörstrategie. Wer auch immer diese Bögen entworfen hatte: Er verstand sein Handwerk. Die Auswertung brachte leider nur zu deutlich die Arbeitsfelder ans Licht. Gar nicht schön.

Es war ein langer Weg zu erkennen, wo ich herkam, was mich geprägt und tiefe Spuren in meinem Leben hinterlassen hatte. Woher die Muster stammten, die mir den Alltag so schwergängig machten. Hinter all dem steckte die bedrohliche Frage: Wer bin ich eigentlich wirklich? Stimmt es, dass ich nur dann wertvoll und liebenswürdig bin, wenn ich Leistung bringe? Muss ich wirklich von bestimmten Leuten erst Anerkennung und Bestätigung erfahren, damit es mir gut geht.

Aber hieß es nicht: »Was er sah, gefiel ihm, denn es war gut.« (Gen 1,10) Selbstverständlich war ich davon überzeugt –

und jedem von Selbstzweifeln Geplagten hätte ich das um die Ohren gehauen. Aber galt das auch wirklich für mich? Wie schwer fiel mir, das zu glauben. Wie weit weg war ich von dieser Überzeugung. Tja und wie überheblich war ich zugleich. Denn gleichzeitig musste ich ja annehmen, dass ich jemand ganz Besonderes und Außergewöhnliches war, dass gerade für mich, Christian Olding, diese grundlegende aller Schöpfungsaussagen nicht zutraf. Gott liebt die Menschen alle, bedingungslos – nur eben mich nicht. Das machte zwar keinen Sinn, aber so war es. Zumindest für mich. Statt auf Gott zuzulaufen und mich wie der verlorene Sohn dem Vater in die Arme zu werfen, um all seine Zuwendungen zu genießen, schien ich mit aller Gewalt zu versuchen, wegzurennen.

Da traf es sich gut, dass neben der therapeutischen Seite auch die Glaubensfront weiter in Angriff genommen wurde. Zum Luxus eines priesterlichen Lebens – auch in der Vorbereitung darauf – gehört die geistliche Begleitung: ein Mentorat im Glaubensleben. Zumeist alle vier bis sechs Wochen treffen Sie sich und schauen sich an, wo Gott in Ihrem Leben geblieben ist. Was nimmt derzeit Ihre Gedanken in Beschlag, was beschäftigt Sie innerlich, in welchem Zustand befinden sich Ihre wichtigen Beziehungen und was hat das alles mit Gott zu tun? Das sind Fragen, die zentral sind.

Als ich meinem geistlichen Begleiter in einem fünfundvierzig Minuten währenden Monolog darlegte, wie verkorkst doch mein ganzes Leben sei, reiften gerade die Brombeeren an den Sträuchern. Unser Gespräch führten wir draußen auf einem Weg an den reifen Früchten vorbei. Irgendwann ließ mich mein Begleiter stehen, pflückte einige Brombeeren, steckte sich eine in den Mund und gab mir eine ab mit den Worten: »Ach Christian, weißt du: Eigentlich hast du einfach nur Angst vor dem Leben.«

Getroffen und versenkt. Im vollen Lauf von einer Betonwand aufgehalten zu werden, hätte nicht schlimmer sein können. Ich fühlte mich ertappt. Das traf in mir den entscheidenden Punkt. Zugleich war das mies. Wie konnte er nur so gemein sein und meine mühevollen Ausführungen in nur einem Satz zusammen zu fassen? Nur: Ich hatte halt wirklich Angst vor dem Leben. Denn meine bekannte Ordnung aus »Leistung gleich Liebenswürdigkeit« war grundlegend in Frage gestellt worden. Mein Weltbild war zerstört. Auch hier stand ich an derselben Front: Wer war ich denn nun eigentlich?

Für langes Lamentieren und Selbstmitleid war mein geistlicher Begleiter nicht zu haben. Gut so. Das tat ich selbst genug. Er nahm die selbst gewählte Dramatik aus der Sache und bot mir seine Begleitung an. Zugleich erklärte er mir unmissverständlich, dass er eine Begleitung nur dann für sinnvoll erachte, wenn ich mir täglich mindestens eine halbe Stunde Stille vornehme. Damit war gewährleistet, dass die Exerzitien nicht zum einmaligen Auftanken auf einem Langstreckenflug verkommen. Ich willigte ein. Und lernte die Stille zu kultivieren.

Stille kann so laut sein und weh tun. Nicht nur auf dem Sessel beim Therapeuten, sondern auch vor dem Meditationsbild in meinem Zimmer stiegen all die Gefühle auf, die ich so lange durch Leistung und Disziplin unbewusst gezähmt und eingesperrt hatte: Wut, Ängste, Zorn, Traurigkeit, Aggressionen und Unmengen Selbstzweifel.

Eigentlich wollte ich mir die alle nicht zugestehen. Ich dachte mir: Du bist doch Christ und wirst Priester, da kann und darf das doch alles nicht sein. Mein innerer emotionaler Haushalt müsste doch eher einem bürgerlichen Vorgarten gleichen. Weit gefehlt! Die erste Lektion hieß: Du bist Gottes Ebenbild. Leb damit!

Leb damit, das bedeutet dann auch, leb mit deinen Gefühlen. Gefühle machen mich zu einem Menschen und sind eine unglaubliche Triebfeder. Sie zu ignorieren, sie abzuwerten und zu verleugnen, bedeutete, genau diese Ebenbildlichkeit abzulehnen. Theologisch formuliert: Ich sündigte am laufenden Band. Das wollte ich nun gar nicht. Aber diesen inneren Sturm konnte ich auch nicht recht leiden. Wenn doch aber diese Gefühle ein so elementarer Bestandteil meiner Persönlichkeit waren, mussten all die Sehnsüchte und Leidenschaften ein Wink Gottes mit dem Zaunpfahl sein. Es galt sie anzupacken und vor allem auszupacken. Ich begriff sie als Möglichkeit, zu entdecken, was Gott mir mitgegeben hatte und wie er in meinem Innern zu mir spricht. Das klingt so hochtrabend. Für mich war es aber gar nicht hochtrabend, sondern schmerzlich. Ich bin auch kein Meister darin und mit meinen dreiunddreißig auch keine religiöse Autorität. Ich versuche einfach das ernst zu nehmen und zu erzählen, was der Kirchenvater Johannes Chrysostomos in einen wunderbaren Satz gepackt hat: »Finde die Tür zu deinem Herzen und du wirst feststellen, es ist die Tür zum Reich Gottes.«

Das gab Sinn: War die Tür zu mir zu, war sie auch zu Gott zu. Wenn ich mich also nicht den Gefühlen, den tiefen Überzeugungen, dem Chaos stelle, habe ich letztlich keine Chance, wirklich die Freiheit zu erleben, die Gott versprochen hat. Zumindest werde ich keinen Lebensstil entwickeln, der für mich spürbar und erfahrbar wird. Außerdem, wenn ich glaube, dass dieser Gott mich wirklich gemacht und gewollt hat, dann kennt er ohnehin alles an mir. Mir kommt dabei manchmal der Psalm 139 in den Sinn, in dem es heißt: »Du hast mich mit meinem Innersten geschaffen, im Leib meiner Mutter hast du mich gebildet. Herr, ich danke dir dafür, dass du mich so wunderbar und einzigartig gemacht hast! Großartig ist alles, was du geschaffen hast – das erkenne ich! Schon als ich im Verborgenen Gestalt annahm, unsichtbar noch, kunstvoll gebildet im Leib meiner Mutter, da war ich dir dennoch nicht verborgen. Als ich gerade erst entstand, hast du mich schon gesehen. Alle Tage meines Lebens hast du in dein Buch geschrieben – noch bevor einer von ihnen begann!« Er weiß, was echt an mir ist, was ich zu kaschieren versuche, nicht sehen und wahrhaben will. Vor ihm kann ich nicht verheimlichen, was ich mir selbst nur allzu oft nicht eingestehen mag. Und er fordert. Nicht im Sinne einer Leistung, damit ich ihm gefalle. Sondern im Gegenteil: Ich sollte frei werden von diesen zerstörerischen Neigungen, aufhören damit, mich selbst zu bemitleiden und meine Gefühle hinter Disziplin und Arbeitswut zu verstecken: »Ihr sollt euer altes Leben wie alte Kleider ablegen. Folgt nicht mehr euren Leidenschaften, die euch in die Irre führen und euch zerstören. Zieht das neue Leben an, wie ihr neue Kleider anzieht. Ihr seid neue Menschen geworden, die Gott selbst nach seinem Bild geschaffen hat.« (Eph 5,22–24) Es galt das Erbe meines Vaters, das Erbe meiner Familie hinter mir zu lassen, mich von den Verhaltensmustern zu befreien, die mich die ersehnte Freiheit nicht erfahren ließen. Nur so würde ich lernen, mich selbst und damit auch die Menschen um mich herum so zu lieben, wie Gott es vorgesehen hatte.

In der Folgezeit schminkte ich mir alle Versuche ab, mit Disziplin und Leistung ein geordnetes geistliches Leben auf die Reihe zu bekommen. Es war allerdings schwer, sich nicht schlecht oder gar schuldig dabei zu fühlen, dem offiziellen Standard im Priesterseminar scheinbar nicht zu entsprechen. Allerdings musste ich mich fragen, wem ich denn genügen wollte: Waren das meine Vorgesetzten? Oder war es Gott? Ging es mir darum, das Klassenziel der Ausbildung zu erreichen oder das Potenzial, dass mir Gott mitgegeben hatte? Wie gut, dass die Bibel in manchen Bereichen recht unmissverständliche Antworten bereithält: »Man muss Gott mehr gehorchen als den Menschen«, heißt es im fünften Kapitel der Apostelgeschichte. Schade nur, dass die Umsetzung nicht immer gleich einsichtig erfolgt.

Diese Einsicht, erstmals beim Herumkauen auf einer Brombeere formuliert, arbeitete in mir. Zum zweiten Mal und grundlegender fand ich mich in der Kirchenbank unter dem Kreuz wieder: »Ein zerbrochenes und zerschlagenes Herz, wirst du, Gott, nicht verschmähen«, heißt es im Psalm 51. Nahezu jeden Freitag taucht dieser Psalmvers im morgendlichen Gebet der Laudes auf. In den kommenden Jahren lernte ich, was das hieß. Der Blick zurück half, mein gegenwärtiges Leben neu in den Blick zu bekommen. Außerdem bekamen altbekannte Bibelstellen dadurch eine ganz andere Dimension. Jesus spricht davon, dass Vater oder Mutter,

Sohn oder Tochter nicht mehr geliebt werden dürfen als er selbst (Mt 10,37). In meinen Ohren klang und klingt das verheißungsvoll und nicht bedrohlich. Es macht mir die Richtung klar, aus der ich mein Selbstbild und meinen Selbstwert erhalte. Unweigerlich haben wir aus unseren Familien Einflüsse und Prägungen mit auf den Weg bekommen – natürlich nicht nur schlechte. Am Ende ist aber nicht meine familiäre Herkunft entscheidend für das, was ich bin, sondern die Tatsache, dass Gott mich in diese Welt gesetzt und mit einem Potenzial ausgestattet hat, das es zu entdecken gilt.

Dieses Entdecken, der Auszug aus der inneren Gefangenschaft in die ungewisse Freiheit, kann Angst machen, zumindest einschüchtern. Wie oft wollte ich mit Mose sagen: Aber Gott, ich kann doch nicht mich meinen, ich bin nicht geeignet und zu inkompetent. Warum muss ich mich dem Pharao, den hemmenden Mächten meines Lebens stellen? Doch so wie Mose dafür den Aaron an die Seite gestellt bekommt, darf und sollte auch ich mir Begleitung auf diesem Weg suchen. Denn Gott kennt mein Leid, er kennt mein Elend, er weiß, was mich bedrückt und quält. Er will mich in die Freiheit führen, damit ich die versklavenden Fesseln unguter Muster, Verletzungen und Lebensprägungen loswerde. Aber ich muss mich auf den Weg machen wollen, bereit sein, die Konfrontation mit diesen Dingen einzugehen Wäre Mose dem Pharao nicht entgegengetreten, bliebe er immer noch beim Hüten der Ziegen und Schafe. Das geht auch. Es ist nur deutlich weniger spannend.

Die zarteste Versuchung

Mose, Pharao und die Israeliten: Spannend und vor allem wichtig für mein Leben. Das ist Ausbrechen und Aufbrechen und der Geschmack von Freiheit, der manchmal auch bitter sein kann. Wobei, wenn es um Freiheit geht, ist es nötig, bei Adam und Eva anzufangen. Nicht nur im sprichwörtlichen Sinne, sondern wirklich bei den beiden im Paradies und der Genesis. Und ja, auch der Apfel und die Schlange geben sich gleich die Ehre. Das muss sein. Ansonsten ist das tiefe Dilemma nicht zu verstehen, das die Bibel in einer so schönen Erzählung verpackt hat. Ich finde sie wirklich grandios.

Stellen Sie sich vor, Sie leben in einer Welt, in der Sie alles haben. Es ist einfach alles gut. Ihnen drückt an keiner Stelle der Schuh. Ihnen steht ein liebevoller Partner zur Seite und Sie spüren jeden Tag und erfahren, dass es Gott gibt und er Sie unendlich liebt. Oder, wie es in der Geschichte von Adam und Eva heißt: »Nichts fehlte mehr« (Gen 2,1).

Daher können Sie auch in jeder Hinsicht nackt durch die Gegend spazieren, denn Sie haben einfach nichts voreinander zu verbergen, weder mit Blick auf Ihre Körperlichkeit noch mit Blick auf Ihr Inneres. Das Alte Testament macht da ohnehin keinen Unterschied. Leib und Seele gehören zusammen. Was heute die Psychosomatik lehrt, war hier im Menschenbild schon fest verankert. Beide lassen sich nicht trennen. Jedenfalls, es gibt einfach nichts, wofür Sie sich schämen müssten. Wäre es nicht genial, wenn wir im Alltag keine Kraft mehr vergeuden müssten, den anderen etwas vorzumachen, wie toll wir sind und was wir nicht alles können? Die ganze Imagepflege wäre vollkommen unnötig.

In solchem Ambiente ist selbstverständlich auch für Ihr leibliches Wohl gesorgt. Sie können diesem ganzen Erleben sogar Ewigkeitscharakter verleihen. Es gibt den Baum mit der Frucht des Lebens. Greifen Sie ruhig zu, denn besser als perfekt kann es einfach nicht werden. Sie haben es in der Hand. Der Moment, der einfach nur gut ist, kann von jetzt an ewig dauern.

Den Baum daneben sollten Sie allerdings in Ruhe lassen. Der bekommt Ihnen nicht. Es wird eher so sein, dass Sie mit erheblichen Verdauungsproblemen zu kämpfen haben. Die Frucht der Erkenntnis von Gut und Böse ist für den Menschen nicht zu verarbeiten. Das weiß Gott und deshalb sollten sich Adam und Eva diese Last eben nicht zumuten. Diese beiden Kategorien sollten lieber in der Verfügungsgewalt Gottes bleiben (Gen 2,16–17).

Hier geht es also um das Urverhältnis Gott–Mensch, wie es sein sollte. Gott vertraut mir und ich vertraue ihm, ohne Wenn und Aber. Leider ist dem heute nicht mehr so. Warum? Jetzt kommt die Schlange ins Spiel. Sie bringt den Zweifel an der Aufrichtigkeit Gottes. »Hat Gott wirklich gesagt, dass ihr von keinem Baum die Früchte essen dürft?« (Gen 3,1). Das ist eine glatte Lüge. Das hat Gott nicht gesagt. Ganz im Gegenteil. Die beiden sollten den Garten genießen, mit allem, was er zu bieten hat. Doch diese kleine Anfrage der Schlange reichte und der Zweifel war gesät. Kann ich Gott wirklich vertrauen? Meint er es wirklich gut mit mir? Wird er wirklich für mich sorgen? Eva wollte es lieber nicht drauf ankommen lassen, Adam dann auch nicht und ich leider viel zu oft ebenfalls nicht. Gott und seine Allmacht klingen schön und gut in der Theorie. Doch in der Praxis fällt es deutlich einfacher, dem eignen Können Vorrang zu geben. Ich weiß wenigstens, was ich an mir habe.

Zwei Dinge faszinieren mich nach wie vor. Die Bibel ist sehr deutlich darin, dem Menschen vor Augen zu führen, dass die Kategorien von Gut und Böse in seinen Händen tödlich sind und diese Einteilung lieber Gottes Sache geblieben wäre. Wie viel Elend ist schon in der Menschheitsgeschichte dadurch entstanden, dass Menschen verdammt und abgestempelt wurden. Der Westen schreit in den Osten hinüber und zeichnet die Achse des Bösen in die Landkarte, wie es US-Präsident George W. Bush einst getan hat. Und der Osten brüllt zurück, weil der Westen nur noch Dekadenz und moralische Verkommenheit vorzuweisen habe. Wir hätten uns wohl so manche Bombe und so manches Massengrab der Geschichte ersparen können. Doch die Schwarz-Weiß-Malerei mit Gut und Böse als Grundmuster übersieht eben so manche Grauschattierung, die das Leben mit all seinen Verflechtungen hervorbringt.

Sorry, der Ausflug auf die Weltbühne musste jetzt sein. Für mein eigenes Leben ist der zweite faszinierende Fingerzeig der Genesis-Geschichte noch entscheidender: der Zweifel an Gottes Glaubwürdigkeit. Die Ursünde. Tief im Menschen sitzt eine bleibende Anfrage. Ist diesem Gott wirklich über den Weg zu trauen?

Meine Leistungsfähigkeit, mein Engagement für das Vorankommen im Leben ist messbar. Ich weiß zum Beispiel, wie viel Zeit ich zu investieren habe, damit eine Predigtvorbereitung nicht vollkommen in die Hose geht, und wie viel Zeit mehr ich draufzuschlagen habe, damit sie nicht nur vor sich herplätschert und langweilt, meine Zuhörer und mich selbst. Das alles geht. Wie aber messe ich Gottes Bereitschaft, mein Leben zu fördern? Nach welchen Leistungs- und Qualitätsstandards kann ich sein Engagement beurteilen? Ist Gott wirklich gut und vertrauenswürdig? Diese Diskussion stößt die Schlange mit ihrer zarten Anfrage los: Glaubst du wirklich, dass Gott es gut mit dir meint? Zarte Anfrage, harter Einschlag.

Ich jedenfalls konnte das lange Zeit nicht so recht glauben. Warum sollte Gott für mich etwas übrighaben? Ich fühlte mich nicht besonders fromm und sah keinen Grund, dass Gott ein gesteigertes Interesse an der Förderung meiner Person und Entwicklung derselben haben sollte. Ich degradierte Gott zu einem Talentscout auf der Suche nach dem nächsten Mose oder Paulus. Meine persönlichen Qualitäten schienen davon Lichtjahre entfernt. Also, warum sollte Gott da ein besonderes Augenmerk auf mich haben? Ich scheiterte wie Adam und Eva schon an der Eingangsfrage einer jeden Gottesbeziehung: Vertraust du mir? Ehrlicherweise hätte ich Gott nämlich antworten müssen: Nein. Leider.

In dieser Hinsicht befinde ich mich biblisch gesehen in guter Tradition. Schauen Sie sich das auserwählte Volk Gottes, die Israeliten an. Gott höchstselbst hatte sich ihr Schicksal zu Herzen gehen lassen. »Ich habe gesehen, wie schlecht es meinem Volk in Ägypten geht, und ich habe auch gehört, wie sie über ihre Unterdrückung klagen. Ich weiß, was sie dort erleiden müssen. Darum bin ich gekommen, um sie aus der Gewalt der Ägypter zu retten. Ich will sie aus diesem Land herausführen und in ein gutes, großes Land bringen (...).« (Ex 3,7–8) Anschließend durften sie mit ihren Familien und Freunden die Macht Gottes am eigenen Leib und am eigenen Schicksal spüren. Der Weg in die Freiheit begann. Ein neues, ein anderes, ein freies Leben schien möglich. Wer sein Leben auf neue Füße zu stellen versucht, der wird unweigerlich mit der Erfahrung konfrontiert, dass das nicht über Nacht möglich ist. Es ist ein Weg, auf dem gestolpert und gefallen wird. Wenn allerdings das Ziel aus dem Blick gerät, dann steht der Preis für die Veränderungen infrage und wir landen bei Brechts Einsicht aus der Dreigroschenoper: »Erst kommt das Fressen, dann die Moral.«

An diesen Punkt gelangten die Israeliten auf ihrer Reise ins neue Leben immer und immer wieder. Das Essen geht aus und das Klagelied wird angestimmt. »Bald fingen die Israeliten wieder an, sich bei Mose und Aaron zu beschweren. Sie stöhnten: ›Ach, hätte der Herr uns doch in Ägypten sterben lassen! Dort hatten wir wenigstens Fleisch zu essen und genug Brot, um satt zu werden!‹« (Ex 16,2–3) Kaum lässt sich Gott eine Zeit lang nicht blicken, zweifelt das auserwählte Volk an seiner Existenz und schreibt ihn ab. So ein unbeständiger Geschäftspartner! Er ist nicht zu sehen und anzufassen ist er auch nicht. Das bringt doch nichts. Wer weiß denn, was man an ihm hat? Die logische Konsequenz daraus: »Mach uns eine

Götterfigur, die uns den Weg zeigt!« (Exodus 32,1) Da hat man wenigstens etwas in der Hand oder vor Augen. Da kann man sich dran halten und muss nicht auf diese unstete Figur eines Gottes vertrauen. Die Geburtsstunde des Götzen. Er ist deutlich einfacher handzuhaben als dieser Gott, der versprochen hat, für uns da zu sein.

Nicht, dass wir uns falsch verstehen: Selbstverständlich glaubte ich an Gott. Auch in den exzessivsten Phasen des Leistungswahns und den traurigen Momenten der Vergangenheitsbewältigung glaubte ich fest daran, dass er dazu in der Lage sei, mich in diesem Leben zu begleiten und zu führen. Ich war nur nicht überzeugt davon, dass bei den Milliarden von Menschen ausgerechnet ich an erster Stelle stand in der Versorgungsreihe. Von daher sollten doch lieber meine eigenen Möglichkeiten und Errungenschaften die Grundlage bilden. Die ließen sich wesentlich besser kontrollieren. Im Falle des Falles und wenn es wirklich drauf ankam, könnte ich Gott ja an seine Aufsichtspflicht für mich erinnern und auf Unterstützung hoffen. Bis dahin versuchte ich zu demonstrieren, dass sein Unter-die-Arme-greifen nicht ganz unverdient wäre. Gott war der Hosentaschenjoker für besondere Härtefälle und Ausnahmesituationen. Mit den realen alltäglichen Abläufen meines Lebens hatte er nur wenig zu tun. Das zuzugeben war in einem Umfeld wie dem Priesterseminar schier unmöglich. Ich tat deshalb das, was die beiden Paradiesbewohner taten: Ich suchte mir hübsche Feigenblätter und kaschierte meine Scham.

Auch in religiösen Bereichen ist es möglich, sich mit außerordentlicher Geschäftigkeit Gott vom Leib zu halten. Zu

Beginn des Seminarlebens ging ich in religiösen Verpflichtungen auf. Allerdings kamen sie nie mit meinen Verletzungen, meinen Enttäuschungen und dem Erbe meiner Familiengeschichte in Berührung. Diese Bereiche waren ausgeklammert und führten ein unbeobachtetes Eigenleben. Eigentlich komplett meschugge: Ich sehnte mich nach nichts mehr als einer innigen und tragfähigen Beziehung zu Gott und zur gleichen Zeit tat ich alles, um mich immer weiter von ihm zu entfernen. Weil ich nicht vertrauen konnte.

Erst mit der Stille wurde alles anders. Es ging zu wie bei Elia. Gott war nicht im Sturm der Aufgaben und Arbeit zu finden, nicht im Donnern der Anforderungen und Feuer der Suche nach Anerkennung. Nein, Gott kam in der Stille, im leisen Säuseln (1 Kön 19,12).

Und was hörte ich in der Stille: Du liegst so falsch, Christian!

Ich fühlte mich wie Jesus in der Wüste, der vom Teufel in Versuchung geführt wird – Peter Scazzero bietet eine wunderbare Auslegung an. Er sieht die drei Verführungen als Suche nach Liebe an den falschen Orten.

Allerdings gab es einen grundlegenden Unterschied zwischen Jesus und mir. Ich war auf den Versucher hereingefallen und das mit vollem Anlauf. Der Teufel geht dabei ganz geschickt vor. Er setzt nicht bei unseren Schwächen an. Mit denen martern wir uns ausreichend selbst. Viel gewitzter macht er es. Das Einfallstor sind unsere Stärken, Begabungen und Talente. Jesus hält sich also in der Wüste auf und wird vom Hunger gequält (Lk 4,2). Diesen Hunger spürte ich ebenfalls in der Stille. Ich wollte leben. Ein Leben, das sich nach etwas anfühlt, das Geschmack hat und nicht so steril daherkommt wie ein gekachelter und desinfizierter Wartesaal. Oder ein penibel aufgeräumter Schreibtisch.

In diesen Bedürfnisraum hinein bietet der Teufel an: Du kannst jemand sein. Du bist, was du leistest. »Da forderte ihn der Teufel heraus: ›Wenn du Gottes Sohn bist, dann mach doch aus diesen Steinen Brot!‹« Komm schon, zeig, was in dir steckt! Leiste und beweise damit deinen Nutzen! Je größer dieser Nutzen, je außergewöhnlicher das, was du vorzuweisen hast, desto sicherer ist dein Ich fundiert. Die Logik ist bestechend einfach. Eine Leistungssteigerung ist gleichbedeutend mit einer Selbstwertsteigerung. Das Perfide: Geht die Leistungskurve nach unten, bleibt umgekehrt nicht viel übrig vom Ich. Ein Ich, das sich so aufbaut und begründet, kann nur scheitern. Denn irgendwann lässt sich Leistung nicht mehr steigern. Irgendwann ist Sense.

An diesem Punkt stand ich. Selbst wenn ich gewollt hätte, den Bogen hatte ich definitiv überspannt. Nur zu gern hätte ich dem Teufel gesagt: Klar will ich! Aber ich konnte nicht. Leider befand ich mich nicht in Jesu Position, sodass ich mit der Gotteskarte hätte kontern können: »Aber Jesus wehrte ab: ›Nein, denn es steht in der Heiligen Schrift: Der Mensch lebt nicht allein von Brot, sondern von allem, was Gott ihm zusagt.‹« Seine Zusage hatte meinen Kern noch nicht erreicht. Da die Leistungskarte aber ausgespielt und ausgereizt war, begann ich mich für Alternativen zu öffnen. An diesem Punkt konnte der Teufel mich nicht weiter vor sich hertreiben.

Die zweite Versuchung war mindestens so verlockend und einfach. Wie schön ist doch der Beifall der Massen, wie wohltuend die Anerkennung. Sie hebt dich empor und lässt dich jemand sein. Du bist, was andere von dir halten, in dir sehen. Andererseits macht sie das Leben auch unglaublich eng. Denn das Feigenblatt will stets schön gepflegt sein, damit alles, wofür es sich zu schämen gilt, vor den anderen verborgen bleibt. Das lässt sich in einer ganz simpel formulierten Befürchtung zusammenfassen: Was sollen denn bloß die Nachbarn denken? Da ich auf dem Dorf in einer bürgerlichen Siedlung aufgewachsen war, wo die gepflegten Gärten aneinandergrenzen und durch sichtbare Zäune voneinander getrennt sind, kannte ich diesen Satz nur zu gut. Diskutierte man mal hitziger, hieß es: Nicht so laut, denk an die Nachbarn. Brach ein Streit vom Zaun, wurden vor der Schlichtung zunächst die Fenster geschlossen. Die Nachbarn sollten schließlich nicht in den Prozess der Versöhnung eingebunden werden. Das Priesterseminar bot für die Versuchung nicht weniger Gelegenheit. Der Sozialdruck war ausreichend dafür. An allen Ecken und Enden wurden Verhaltensweisen eingefordert, von den Mitbewohnern und von der Hausleitung. Denen zu genügen, um anerkannt und respektiert zu sein, konnte sehr viel Kraft und Zeit binden.

Blieb noch die dritte Versuchung: »Jetzt nahm ihn der Teufel mit nach Jerusalem und stellte ihn auf die höchste Stelle des Tempels. ›Spring hinunter!‹, forderte er Jesus auf. ›Du bist doch Gottes Sohn! Und in der Heiligen Schrift steht: Gott wird seine Engel schicken, um dich zu beschützen. Sie werden dich auf Händen tragen, und du wirst dich nicht einmal an einem Stein verletzen!‹« Meinen Wert und Ruf hatte ich über die Jahre außerhalb von Gottes Zusagen festgemacht. Ich war nicht sein geliebter Sohn (Mt 3,17), sondern der Sohn des Beifalls und der Anerkennung anderer. Die ist jedoch flüchtig. Zumal es im Leben immer jemanden gibt, der besser ist als man selbst. Es gibt immer jemanden, der smarter daherkommt, belesener ist, eine schnellere Auffassungsgabe hat, schönere Worte findet, sich einfacher in die Herzen der Menschen schleicht. Die Konsequenz daraus: Ich erlebte Frustrationen, zweifelte an mir selbst, an meiner Werthaftigkeit und meiner Bedeutung für diese Welt. Und auch an diesem Punkt war ich nicht fähig, Jesu Antwort gegenüber dem Teufel zu wiederholen: »Es steht aber auch in der Schrift: ›Du sollst Gott, deinen Herrn nicht herausfordern!‹« (Lk 4,12) Denn leider hatte ich Gott herausgefordert. Ich wollte mir nicht von ihm sagen lassen, wer ich bin. Ich wollte sein Wort nicht ohne Weiteres annehmen, dass es gut war, dass es mich gab. Ich wollte mich selbst machen und erschaffen oder wie man es heute so positiv formuliert: ein selfmade man.

Die mittlere Versuchung im teuflischen Trio war für mich nicht so relevant. Als Student kann man in der Regel ohnehin nicht mit seinem Besitz und Vermögen auftrumpfen. Die Devise »Du bist, was du besitzt« wird erst mit den Gehaltszahlungen wirklich relevant.

So oder so, in zwei von drei Versuchungen schwach geworden zu sein und die dritte nur aufgrund mangelnder Lebensrelevanz nicht veranschlagen zu können, macht die Sache nicht schöner. In der Bibel heißt es: »Da gab der Teufel es auf, Jesus weiter auf die Probe zu stellen, und verließ ihn für einige Zeit« (Lk 4,13). Meine Versuchungsgeschichte war definitiv noch nicht zu Ende.

Das Leben ist schön

Manchmal zumindest.

Es gibt ein beeindruckendes Buch, in dem die Australierin Bronnie Ware über ihre Gespräche mit sterbenden Patienten berichtet. Sie arbeitet als Krankenschwester, ist also nah dran. Neben allem, was in dieser Nähe thematisiert wird, ging es auch um Prioritäten. Die sehen vom Ende des Lebens her betrachtet plötzlich ganz anders aus. Bronnie spricht mit den Sterbenden über Dinge, die sie rückblickend gerne anders angegangen wären. Entsprechend lautet der Titel dieses Buches »5 Dinge, die Sterbende am meisten bereuen«. Jedenfalls gibt es da eine Sache, die gerade bei den Männern die Top Five anführt: weniger gearbeitet und für ihre Karriere getan zu haben. Außerdem hätten viele Menschen an der Schwelle zur anderen Seite des Lebens gerne deutlich mehr für die Liebe investiert. Weniger Arbeit und Karriere, mehr Leben und Liebe: Wenn Sterbende so etwas formulieren, hört sich das nicht mehr nach einem billigen Kalenderspruch an.

Sobald der Körper streikt, der Krebs winkt, das Ende naht, werden wir zu Tieftauchern. Sonst reicht es uns schon, an der Oberfläche zu dümpeln. Ganz offensichtlich müsste hin und wieder die Betriebsanleitung zum Leben aus der Kiste geholt werden. Wir werden sterben. Alle. Warum nur macht es einen so eklatanten Unterschied, ob ich den Tod aus der Ferne sehe oder ihn plötzlich vor der Brust habe? Er ist da und das immer. Vielleicht wäre es also eine gute Übung, sich hin und wieder auf die Couch zu werfen und zu spielen »was wäre, wenn«: Was wäre, wenn mein Leben morgen vorbei ist? Habe ich bisher auf die richtige Karte gesetzt? Habe ich meine Zeit für die richtig wichtigen Dinge eingesetzt? Wenn nicht: Keine Panik. Noch atmen Sie. Alles gut. Anfangen ist ja bekanntlich jetzt. Also ran an den Alltag und die Dinge neu in die Hand nehmen.

Doch wir leben in einer Zeit, in der es schick und gesellschaftlich akzeptiert ist, für ein Fortkommen im Beruf das Land zu verlassen, Beziehungen aufs Spiel zu setzen und die persönlichen Bedürfnisse hintenanzustellen. Es gehört eben dazu, schwere Zeiten durchzustehen. Von nichts kommt nichts. Der Einsatz lohnt sich. Am Ende gibt es mehr Lob, mehr Ansehen, mehr Geld.

Käme aber jemand auf die Idee, denselben Maßstab an die Liebe anzulegen, er würde zum naiven Romantiker abgestempelt und durch ein mitleidiges Lächeln abgestraft. Die Liebe hat sich offenbar von allein einzustellen. Unser Arbeitsaufwand für sie fällt bei manchen so minimalistisch aus wie das Üben für ein Musikinstrument, dass einem die Eltern aufgebrummt haben. Es hat eben keine Relevanz für die Schulnoten oder das Bestehen vor den Freunden. Deswegen bleiben wir beim gerade notwendigen Mindestmaß.

Für uns Christen ist diese naive Idee alles andere als naiv. Im Grunde ist sie sogar das Zentrum unseres Glaubens. Gott ist die Liebe. Das zumindest vermitteln wir als Kirche immer noch durchgängig in der Theorie. Wenn wir allerdings in Sachen Liebesarbeit so minimalistisch geworden sind, dann verwundert es eigentlich nur wenig, dass in der Sache Gott den ähnlichen Anschein erweckt. Gott zu suchen ist zu einer elitären Sache von Klosterbrüdern und -schwestern und professionell religiösen Menschen verkommen. Schade. Die Menschen verspielen damit einen echten Mehrwert für ihr Leben. Der besteht darin, sich von Gott in die Freiheit führen zu lassen, »in ein gutes, großes Land, in dem Milch und Honig fließen« (Ex 3,8). Das Angebot ist so verlockend und faszinierend, dass sich die damit verbundene Arbeit lohnt: die Wüstenwanderung. Mir fallen gerade einige Personen ein, die bei solchen Zeilen nur müde lächeln: naiv, romantisch, frommes Gewäsch, welch ein unaufgeklärter Glaube. Kennt man ja von den Pfaffen. Ist mir egal. Mein Leben war lange eine Wüstenwanderung und ist es manchmal noch und ich weiß, dass das weder naiv noch Gewäsch ist.

Wie bei Mose und den Israeliten war mir die Last meiner selbst auferlegten Sklavenarbeit zu drückend geworden. Während der Zeit in der Kirchenbank hatte ich zumindest spüren dürfen, dass Gott dieses Elend sieht. Und natürlich weiß ich, dass zwischen Steine schleppen, Peitschenhieben, Unrechtssystem, Mangelernährung der versklavten Israeliten und meiner persönlichen »Bedrückung« Welten liegen. Doch die eigenen Probleme, egal wie groß oder klein sie sein mögen, sind immer die bedrückendsten. Schlicht und ergreifend, weil sie meine sind und mich konkreter angehen als die der anderen. Außerdem will die Bibel mein Leben ansprechen und anpacken. Das Konzept Jesu offenbarte einen verlockenden Ausweg: »Mir zu dienen ist keine Bürde für euch, meine Last ist leicht.« (Mt 11,30) Außerdem versprach dieser Arbeitgeber etwas, was ich wollte, mir selbst aber in meinem Hamsterrad nicht erarbeiten konnte: »Ich aber bringe Leben – und dies im Überfluss.« (Joh 10,10) Wer würde da nicht zugreifen wollen? Ich machte mich also an die Arbeit und begab mich auf Wüstenwanderung. Meine Arbeit bestand darin, loszulassen: all die falschen Selbstbilder, die auferlegten Erbschaften meiner Familie, Wertvorstellungen und Zwänge. Es wäre naiv gewesen, zu glauben, ich könnte von heute auf morgen mein altes Ich loswerden. Es gab noch keine Alternative, keinen adäquaten Ersatz, der an die Stelle alter überkommener Muster treten konnte. In der Stille meiner Gebetszeiten traten unvermeidbare Selbsterkenntnisse an den Tag. Es war furchtbar. Ich konnte mich nicht wehren.

Die erste und grundlegende Einsicht war die Tatsache, dass ich eigentlich gar nicht wusste, wer ich war. Ich hatte viel Mühe darauf verwendet, mein Ich an den Anforderungen anderer hochzuziehen. So richtig befriedigend war das nicht und erfolgreich auch nicht. Auf dem Dorf war ich immer »Olding sin Söhn«. Kam ich als Jugendlicher irgendwo hin, stellte mich mit meinem Namen vor, und gab es fragende Blicke, bequemte sich meist jemand, den Verweis auf meinen Vater zu geben. Das brachte beim Erleuchteten ein »Aha« hervor. Höflich wurde mir im Anschluss daran die Hand gereicht. Ich existierte nur im Schatten meines Vaters. Allerdings ist mir nie ganz klar geworden, ob dieser Schatten seiner Bekanntheit als populärer Sparkassenmitarbeiter oder dem Stigma seines Suizides geschuldet war. So oder so kam ich aus diesem Schatten nie heraus. Christian Olding kannte man schlichtweg nicht. Zumindest nicht als eigenes Ich.

Die Stille förderte die mangelnde Befriedigung empor, die es bedeutete, den anderen gefallen zu wollen. Es gab einfach zu viele davon. Das klappte nicht. Außerdem, an wen konnte ich mich denn mit meinen Bedürfnissen wenden? All das hielt ich diesem Gott hin. Heute weiß ich, dass ich damit nicht alleine bin. Die Wahrheit ist doch: Der Mensch ist und bleibt ein verdammt fragiles Wesen und Wunden gehören zum Lebensweg dazu: Verletzungen, die entstanden sind, weil Hoffnungen enttäuscht wurden und Wünsche an das eigene Leben unerfüllt geblieben sind. Schmerzen, die noch immer quälen, weil Beziehungen zerbrochen und Freundschaften verloren gegangen sind. Wunden der Hilflosigkeit, die mutlos machen, weil Alter und Krankheit ein selbstbestimmtes Leben zunehmend unmöglich machen, und Wunden, die bleiben, weil uns ein geliebter Mensch genommen wurde. Das Leiden an sich und der Welt ist Teil des Lebens.

Keiner von uns hat sich selber gemacht. Ganz ehrlich: Wenn ich die Chance gehabt hätte, dann besäße ich volles Haar oder würde ersatzweise Vin Diesel im Ausfüllen von T-Shirts Konkurrenz machen. Aber das ist in meinem Bausatz nicht vorgesehen. Auch hat sich keiner die Familie ausgesucht, in die hinein er geboren wurde. Und keiner von uns konnte den Ort und Zeitpunkt auf dieser Welt auswählen, an dem er das Licht der Welt erblickte. All das kann ich nicht machen. All das ist Leben, ist mein Leben, und das ist mir gegeben worden – das hört sich weniger kitschig an als die

Variante »Das Leben ist ein Geschenk« – und ich kann es nur auf die Möglichkeiten hin entwickeln, die mir meine Geschichte ermöglicht. Aber über genau diesem Leben steht der Satz der Schöpfungsgeschichte: »Gott sah es und freute sich, denn es war gut« (Gen 1,10.12.18.25)

Ich bin Gottes Ebenbild! Basta. Daran gibt es nichts zu rütteln. Auch wenn es mir noch so schwerfallen sollte, das zu glauben und für mich anzunehmen. Diese kleine aber entscheidende Aussage, dass ich Gottes Ebenbild bin, auf meine ganz einmalige Weise, mit der ich in diese Welt geworfen wurde, das musste erst einmal im Oberstübchen richtig durchdacht werden, in allen Konsequenzen. Nur ändert das überhaupt nichts an der Tatsache, dass dem so ist. Gottes Liebe zu mir und seine Aussage über mich ist nicht abhängig von meiner Zustimmung oder Ablehnung. Sie steht im Raum und ich kann zugreifen oder es bleiben lassen. Aber sie wird auf mich warten. Zwischen Fühlen und Denken klafft durchaus eine Diskrepanz. Wie Gottes Ebenbild fühlte ich mich wahrlich nicht und noch weniger als ein Meisterwerk, das gut ist und an dem man Freude haben konnte. Dennoch setzte ich meinen Kopf daran, sich mit den Konsequenzen dieser Ansage Gottes zu beschäftigen. Und die waren grandios.

Wenn Gott sagt: »Du bist gut, ich wollte deine Existenz«, dann verleiht mir das einen unverlierbaren Wert. Diesen Wert gebe nicht ich mir. Diesen Wert gibt mir kein anderer. Diesen Wert gibt mir Gott und er ist wahrhaftig ein Geschenk und das ist gar nicht kitschig. Diesen Wert kann ich mir nicht verdienen – zu meinem persönlichen Frust: Ich kann ihn mir auch nicht erarbeiten. Denn bevor ich das Licht der Welt erblickte und meinen Nutzen unter Beweis stellen konnte, hat mich Gott mit diesem Wert ausgestattet. Mist! Das ist eine miese Voraussetzung für jede Leistungsethik. Außerdem ist er vor jeder wirtschaftlich und gesellschaftlich inflationären Entwicklung geschützt. Denn die Instanz, die über diesen Wert wacht, steht außerhalb menschlicher Unzulänglichkeiten und Unfähigkeiten. Ich musste also einsehen, auch wenn ich mich nicht toll fand und andere mich nicht toll fanden: Ich war einfach toll.

Übrigens: Sie dürfen an dieser Einsicht teilhaben. Sie sind auch toll! Wie bei einer guten Medizin, sollte man sich wohl dreimal täglich eine Dosis davon verabreichen. Am besten, man trägt einen kleinen Taschenspiegel bei sich, in den man hin und wieder schaut und sich diese drei magischen Worte zuspricht – wohlwissend, dass ich nichts dafür kann, sondern ich nur ein Geschenk abrufe, das unentwegt zur Verfügung steht. So richtig verinnerlicht ist es wohl dann, wenn ich morgens beim ungeschminkten und aufgequollenen Blick in den Spiegel sagen kann: Mein Gott, was ein tolles Ebenbild von dir.

Damals war ich von solch einem Spiegel-Blick noch sehr weit entfernt. Aber ich erhielt von meinem geistlichen Begleiter ein Bild, das mir als Betrachtungshilfe in meiner stillen Zeit diente. Es zeigt Gott und Adam am Schöpfungsmorgen. Die Szene stammt aus einem Kirchenportal. Adam ist damit beschäftigt, sein Feigenblatt in Position zu halten, besorgt, dass er ansonsten nackt dastehen könnte. Er ist ganz bei sich und hat damit genug zu tun. Gott legt ihm währenddessen eine Hand aufs Herz und eine auf den Rücken. Er gibt ihm inneren und äußeren Halt, steht dicht an seiner Seite. Er stärkt seinen Rücken und wärmt ihm das Herz. Noch immer berührt mich diese Szene, die inzwischen in meinem Schlafzimmer ihren Platz gefunden hat und zu der an jedem Morgen mein erster Blick geht. Diese Szene traf mich damals, weil sie so sehr meine Situation widerspiegelte. Ich war gefangen in mir, drehte mich letztlich nur um mich selbst, während ich mich an dem Glauben festhielt, dass Gott mir genauso zur Seite stand – auch wenn ich es gerade gefühlsmäßig nicht nachvollziehen konnte.

Später setzte ich mich für jede stille Zeit vor dieses Bild und konfrontierte meinen Zweifel und meine Ängste mit dieser Zusage Gottes. Es ging kein inneres Licht auf. Diese Erfolgsstory kann ich nicht bieten. Auch öffnete ich nicht meine Tür und da stand Jesus vor mir. Leider erging es mir auch nicht wie Paulus, ich stürzte nicht und wurde auch nicht von einer inneren Stimme und Gewissheit erfüllt. Nein, so lief es nicht. Es war ein langsamer Prozess, meine Beharrungskräfte waren hervorragend geschult. Aber Gott war mindestens so beharrlich. Wie war das noch gleich? Gott ist die Liebe. Stimmt! Also ist Gott überall da erfahrbar, wo geliebt wird. Woran das messbar ist? Nehmen wir den Hochzeitsklassiker: »Wenn ich keine Liebe habe, so bin ich nichts.« (nach 1 Kor 13,2) Diese Erfahrung ließ Gott mich machen, indem er mir Menschen in den Weg stellte. Freunde, Begleiter, die mich genau das erfahren ließen. Wunderbare Menschen, die mich annahmen, ohne meine Leistungsfähigkeit zu kennen, die meine Schwächen, mein verqueres Wesen ertrugen, »geduldig und freundlich, (...) nicht nachtragend, (...) bereit zu verzeihen, (...) nie die Hoffnung« verlierend, wie es ebenfalls im 1. Brief an die Korinther heißt. So wurde das stille und manchmal nervige Meditationsbild alltagstauglich und real. Ich wusste nun, welche Hände mir den Rücken stärkten und wer mein Herz schützte.

Erst als der Zwang langsam von mir fiel, anderen und mir selbst vormachen zu müssen, ein anderer zu sein, damit ich liebenswert und gut genug bin, erst dann klappte es mit mir selbst, mit Gott und den Mitmenschen. Die anderen erleichterten mich um mein Ego. Das entspannte doch erheblich. Das Kreisen um mich selbst hatte einen Ausweg gefunden und ich war immer mehr in der Lage, mich zu öffnen, das Leben an mich heranzulassen und die Brombeer-Angst zu überwinden. Es ist ein befreiendes Gefühl, nicht mehr alle Energie ins Festhalten des Feigenblattes stecken zu müssen. Das war mir inzwischen ohnehin entglitten. Gott wusste sowieso, wofür ich mich schämte, und meine Freunde nun auch. Und was war passiert? Gar nichts. Super! Damit waren beide Hände frei für das Leben.

Freunde und ihre Folgen

Erstes Semester Grundkurs Unterseminar Theologie. Sie war das einzige Primimäuschen, das kein Diddelmaus-Mäppchen oder Diddelmaus-Kalender vor sich liegen hatte. Da Google die Erinnerungen an alle schrecklichen Zeiten konserviert, lohnt sich ein Blick in diese verbotene Designepoche. Jedenfalls sprach das eindeutig für sie. Zu meinem Glück wiederum bediente ich nicht ihr Klischee vom Wollpullover tragenden und ungepflegten Seminaristen, der Probleme mit Frauen und auf dem freien Markt eh keine Chance hat. Not schweißt zusammen. Doch noch trennte uns ein Tisch und ein absolut behämmertes Kennenlernspiel. Während der klassischen Führung durch die Unibibliothek waren wir uns in der gemeinsamen Beurteilung unseres Umfeldes relativ schnell relativ einig. Sie hatte viel zu sagen, ich war eher etwas schweigsamer. Wenn aber, dann saßen die Spitzen auch.

Da mir meine Freundschaften etwas Heiliges sind, habe ich überlegt, wie ich das hier angemessen zu Papier bringen kann. Ich verzichte auf die wirklichen Namen und gebe dem Ganzen noch etwas mehr Ausdruck, indem ich nach passenden Äquivalenten in der Serienlandschaft gesucht und gefunden habe. Ich hoffe, das ist okay für Sie, aber dieser kleine Ausflug in eine meiner Leidenschaften muss sein. Und es dient ja einem guten Zweck, deshalb: Willkommen bei Big Bang Theory 2.0.

Mein Name ist Sheldon Cooper und gerade haben Sie Penny kennenlernen dürfen. Leonard Hofstadter wird sich später noch die Ehre geben. Es brauchte aber noch ein ganzes halbes Jahr, bis ich verstanden hatte, dass ihr wirklich etwas an mir lag und ich zur Begrüßung oder Verabschiedung so etwas wie eine Umarmung zulassen konnte. Penny musste schon damals klar gewesen sein, dass ich ein wenig gestört war, aber es schien sie nicht abzuschrecken. Es war wunderbar. Sie spazierte mit einer Unbedarftheit in mein Leben hinein, sodass mir gar keine Zeit blieb, zu überlegen, was da eigentlich gerade passierte. So stand ich im zweiten Semester vor der ernsthaften Herausforderung, mir überlegen zu müssen, was wichtiger ist: der Schreibtisch oder eine ausgedehnte Kaffeeeinheit mit Penny. Ja, Sie haben richtig gelesen. Ich, der alles immer gecancelt hatte, um mehr Zeit für den Schreibtisch zu haben. In mir schlich sich der leise Verdacht nach oben, dass das Kaffeetrinken deutlich ergiebiger und erfüllender sein könnte, als mich mit einem jener Päpste auseinanderzusetzen, die von der Botschaft Jesu relativ wenig verstanden hatten. Das Ergebnis: Die Kaffeetrinken wurden länger und Telefonate knackten schon einmal gerne die Stundengrenze. So mancher Abend zog sich in die Länge, sodass die Laudes am nächsten Morgen eine echte Herausforderung war. Während ich über eines ihrer hundert Fettnäpfchen lachen konnte, in die sie ständig mit vollem Anlauf hineinsprang, fand sie es höchst amüsant, wie ich beim kleinsten Kompliment feuerrot anlief. Zu meinem Erschrecken wollte mein geistlicher Begleiter das mit mir noch nicht einmal tiefer reflektieren. Es hieß nur: genießen und nicht auseinanderpflücken. Das war natürlich was für mich. Nämlich gar nichts.

Freisemester in Wien. Penny kommt mich zur Adventszeit besuchen. Sie stellt ihren Koffer in meiner Wohnung ab und meint nur: »Ziemlich kahl und ungemütlich hier.« Ich freu mich auch, dass du da bist. Aber leider hat sie recht. Bis auf meinen Schreibtisch hatte ich den Rest so belassen, wie ich ihn vorgefunden hatte: minimalistisch reduziert. Weil der Raum aber doch recht groß ist, ziemlich groß sogar, kann man eine gewisse Leere nicht leugnen. Die wird im ersten Schritt relativ schnell dadurch gefüllt, dass Pennys Koffer geradezu explodiert und ihre Sachen in Sekundenschnelle meine Wohnung fluten. Ich stehe ein wenig sprachlos und überfordert da. Dem Monk (ich bin ein Fan dieses neurotische Serien-Polizisten) in mir droht der Herzinfarkt. Penny scheint das zu ignorieren oder erst gar nicht wahrzunehmen. Meine Räume sind damit voller.

Aus meiner Tristesse von Wohnungseinrichtung wird nach einem ausgedehnten Weihnachtsmarktshopping das reinste adventliche Kunstwerk. Strohsterne, die ich bis heute noch besitze, reihen sich an bunten roten Kugeln mit Schneeverzierung. Ein Adventskranz findet sich plötzlich auf meinem Tisch und nicht zu vergessen die obligatorische Lichterkette für die Stimmung. Eine Reihe kleiner Figuren findet ihren Platz auf der ausgedehnten Fensterbank. Ich finde es schön.

Und bin überrascht von mir selbst. Schon wieder so eine neue Seite an mir, die ich bisher nicht wahrgenommen habe.

Seitdem hat mich der Weihnachtskitsch voll im Griff und ich träume von einem leuchtenden, eventuell auch blinkenden Schlitten mit Rentieren auf meinem Hausdach. Allerdings ohne Weihnachtsmann. Der geht für mich als überzeugten Christen natürlich gar nicht. Ob mein Pfarrer und Hausmitbewohner das allerdings genauso klasse fände wie ich, bleibt abzuwarten. Falls jedoch ein Elektroladenbesitzer diese Zeilen hier lesen sollte: Bitte melden! Übrigens: Die Krönung meiner bisherigen Deko bildet ein Hirsch, der acht verschiedene Blinkmodi im Angebot hat.

Wie soll es auch anders sein, es gibt ein männliches Gegenstück zu Penny. Beide stimmen in einem markanten Punkt überein: Ihre Koffer explodieren und ihre einmalige Art bringt meinen Ordnungsfimmel definitiv an den Rand des Wahnsinns. Heute kann ich sagen: Ich liebe es – zumindest für eine begrenzte Zeit und solange ich danach in meinen vier Wänden meine Ordnung wieder genießen darf. Es ist eine herrliche Sache, beispielsweise auf ein farblich sortiertes Bücherregal zu schauen.

Leonard teilte eines mit mir nicht: meine Angst vor dem Leben. Nach dem Studium ging er zunächst für ein Jahr aufs Schiff und unterrichte dort. Während seiner Weltumsegelung erhielt ich Anrufe von den exotischsten Orten. Anschließend war für ihn ein übliches Referendariat unvorstellbar und so schrieb er seine Doktorarbeit in Theologie über das Miteinander von Kirche und betriebswirtschaftlichen Strategieberatungen. Klar, was auch sonst? Was man damit macht?

Leonard wechselte in die Unternehmensberatung. Als er schließlich heiratete und seine Töchter zur Welt kamen, änderte er nochmals sein Lebensmodell. Eine Professur wurde zur Haupttätigkeit und Beratung rückte in die zweite Reihe. Bis heute finde ich das einfach nur krass und klasse.

Genauso zuversichtlich wie Leonard seine Projekte in Angriff nahm, fegte er über meine Bedenken hinweg und führte mich im wahrsten Sinne des Wortes weit in die Welt hinaus. Bevor die Weihe zum Diakon anstand, verpflichtete mich mein damaliger Ausbildungspfarrer zum Urlaubmachen. Schon wieder so eine Sache, die vollkommen neu für mich war. Meine Eltern waren mit uns Kindern nie wirklich in den Urlaub gefahren. Es gab den Ferienpass, die Zehnerkarte fürs Freibad und den gehassten heimischen Gemüsegarten, der im Sommer zu gefühltem stundenlangem »Erbsendöppen« führte – die erntefrischen Erbsen müssen aus der Hülse gelöst werden; dazu ritzt man mit dem Fingernagel die Naht der Hülse leicht ein, die sich dadurch öffnen lässt. Anschließend lassen sich die runden Erbsen mit dem Finger herausstreichen. Schon wieder ein neues Lernfeld. Als Leonard von meiner Urlaubsjungfräulichkeit Wind bekam, lief er mit vollen Segeln vom Stapel. Er packte mich und schneller, als ich widersprechen konnte, fand ich mich in einem Reisebüro wieder. Ich hatte sowieso keine Ahnung, wo es hätte hingehen können, und Leonard hatte sich ebenfalls keine Gedanken gemacht. Also führten wir diese Diskussion vor der freundlichen Beraterin, die sich hin und wieder auch an der Debatte beteiligen durfte. Ich möchte gar nicht wissen, was sie über uns gedacht hat. Sie hatte aber definitiv ihren Spaß an uns und wir müssen uns aufgeführt haben wie ein altes Ehepaar. Es wurde ein All-inclusive-Urlaub in der Türkei. Ich wusste bis dahin gar nicht, wie unglaublich bereichernd das Nichtstun sein kann. Leonard las »Krieg und Frieden« und ich »Die Brüder Karamasow«. So etwas geht nur im Urlaub.

Falls Sie jetzt über das All inclusive lächeln sollten, es blieb nicht dabei. Seit dieser Zeit fahren wir einmal im Jahr gemeinsam weg. Leonard plant und das mit Vorliebe. Ich fahre einfach mit und genieße. Es gibt nur eine Regel: Handgepäck muss reichen. Das ist auch gut so. Vor lauter Eventualitäten, die ich beim Packen berücksichtigen würde, gäbe es spätestens am Flughafen ein dezentes Gewichtsproblem. Bis zum Beginn der Reise weiß ich außer einem »Es wird warm oder kalt« nie, was mich erwartet, geschweige denn, wo es hingeht. Was mich vor Jahren in den Wahnsinn getrieben hätte, löst heute ein echtes Glücksgefühl aus.

Von Belgrad mit dem Zug durch die Kaparten nach Bukarest, von Oujda mit dem Taxi entlang der algerischen Grenze nach Mellia: Das ist schon etwas anderes als der türkische Club. Das Lesen ist geblieben und das Gefühl von Urlaub allemal.

Beide, Penny und Leonard, haben inzwischen Kinder in die Welt gesetzt. Bei beiden habe ich das Glück, Patenonkel zu sein. Es gibt wenig mehr Beglückendes als mit einem Baby im Arm auf dem Sofa zu sitzen. Da werde ich einfach nur still und bin von jedem Atemzug begeistert, den dieses Wesen tut. Wenn man mir dann noch eine Tasse Kaffee in die Hand drückt, habe ich die Welt im Döschen. Genial. Spätestens da muss man an Gott glauben. Dieses Geschöpf nämlich als reinen evolutiven Zellhaufen abtun zu wollen, der ohne tieferen Willen und Sinn dahinter in die Welt geworfen wurde, das geht einfach nicht. Das wird unvorstellbar in diesem Moment.

Gesteigert wird dieses Glücksgefühl nur noch durch Momente, in denen man die Eltern aussticht. Wenn mein Patenkind nämlich von mir und nicht von den Eltern die Gute-Nacht-Geschichte vorgelesen haben will, kann ich mir das Grinsen gar nicht verkneifen. Da liegt man neben diesem Kind im Bett, blättert von einer Bilderbuchseite zur nächsten, entdeckt gemeinsam die bunten Hühner und ihre abstrusen Unternehmungen, während sich die Kuh Liselotte ins nächste Abenteuer stürzt. Mit jeder Seite rutscht das Köpfchen näher heran und dann muss man nur noch aufpassen, dass man nicht vor dem Zuhörer die Augen schließt.

Warum ich das Ganze hier überhaupt erzähle? Weil es mir zeigt, dass das Leben mit Gott und dass all das Beten immer zu den Menschen hinführt. Das ganze Beziehungsgefüge des Alltages, all die Begegnungen und intensiven Erfahrungen sind Momente der Gottesbegegnung. Ich erwarte allerdings nicht, dass Gott plötzlich in einer Wolkensäule in meinem Zimmer auftaucht. Ich gehe nicht davon aus, dass der Dornbusch in unserm Pfarrgarten plötzlich Feuer fängt und doch nicht verbrennt. Wenn mein Kühlschrank mal wieder gähnende Leere aufweist, weil ich das Einkaufen zu lange vor mir hergeschoben habe; wenn nur noch der Magerquark mich anlacht, von dem ich immer zu viel dahabe, erwarte ich nicht, dass Gott in biblischer Manier mir Essen vorlegt. Nein, es ist für mich Ausdruck des Kernsatzes von vorher: »Gott ist Liebe.« (1.Joh 4,16) Ich sehne mich nach Liebe, Tag für Tag. Ich glaube, wir alle sehnen uns nach Liebe, ob es uns bewusst ist oder nicht. Diese Liebe ist mehr als ein bloßes Gefühl, mehr als ein kurzfristiger Hochgenuss oder gar eine Doktrin. Wirkliche und wahre Liebe, davon bin ich fest überzeugt, ist eine tiefe Sehnsucht danach, dass es dem andern gut geht. Dass da jemand ist, für den es einen Unterschied macht, ob ich existiere oder eben nicht. Sie lässt den andern wachsen, groß werden. Liebe ist also kein Egotrip. »Niemand hat Gott jemals gesehen. Doch wenn wir einander lieben, bleibt Gott in uns und seine Liebe erfüllt uns ganz. (...) Gott ist Liebe, und wer in dieser Liebe bleibt, der bleibt in Gott und Gott in ihm.« (1 Joh 4,12.16)

Wir besitzen also die Fähigkeit, wahre Liebe zu leben und zu geben und damit Gott erfahrbar werden zu lassen. »Meine Freunde! Lasst uns einander lieben, denn die Liebe kommt von Gott. Wer liebt ist ein Kind Gottes und kennt Gott.« (1 Joh 4,7f.) Doch definitiv gibt es auch Hindernisse auf diesem Weg: Verletzungen, Misstrauen, Angst, Machtstreben, Versagen, kaputte Familien, Verrat ...

Eines ist mir klargeworden: Ich kann mir nur schwer selber sagen, dass ich mich liebe, wenn die bisherigen Erfahrungen eine andere Sprache sprechen. Entsprechend schwierig wird es, der bedingungslosen Liebe Gottes über den Weg zu trauen. Die wird vor einem solchen Hintergrund zu einem Theoriekonstrukt. Natürlich, Gottes Liebe ist anders und frei von den Versautheiten menschlicher Unzulänglichkeiten und Abgründe. Aber die Vorstellung einer solchen Liebe und die bloße Sehnsucht danach machen letztlich nicht wirklich froh. Es braucht die konkrete Erfahrung. Wie schon Rahner der Überzeugung war, dass am Ende nur noch der ein Christ sein wird, der etwas erfahren hat, so wird am Ende nur der an die Liebe Gottes glauben können, der sie erfahren hat. Dafür sind zwischenmenschliche Begegnungen eine so was von große Hilfe.

Allerdings braucht es Mut, sich zu öffnen. Es ist nicht leicht, bei schlechten Vorerfahrungen wieder jemanden an sich ran zu lassen, seine Wunden bloßzulegen und sich verletzlich zu zeigen. Es könnte ja sein, dass wieder einmal jemand draufhaut und zusticht. Begegnungen und Beziehungen verändern. Menschen, die ich an mich heranlasse, denen ich es erlaube, in meinem Leben mitzureden, hinterlassen ihre Spuren und das unauslöschlich. Deswegen ist es immer lebensgefährlich, Beziehungen aufzubauen. Doch es läuft nicht anders, als dieses Risiko immer wieder auf sich zu nehmen. Ich muss darauf vertrauen, dass es sich lohnt. Es wird gut.

Auch auf die Gefahr hin, dass es allzu kitschig und fromm daherkommt, muss es trotzdem raus: Der Blick auf das Kreuz hat mir immer wieder Mut gemacht. Jesus bietet seine Wunden an in aller Offenheit und Verletzlichkeit. In jeder Kirche hängt er am Kreuz. Er kommt davon nicht runter und weglaufen kann er auch nicht. Er zeigt seine durchbohrte Seite, seine von den Nägeln aufgerissenen Arme und Füße. Es gibt zwei mögliche Reaktionen darauf: Ich kann sie anblicken als Beweis seiner aufrichtigen und echten Liebe, die bereit ist, bis zum Letzten zu gehen. Oder ich kann sie verachten und wie etliche in der Bibel unter dem Kreuz reagieren: »Die Leute, die am Kreuz vorübergingen, beschimpften ihn und schüttelten spöttisch den Kopf.« (Mt 27,39) Aber Jesus geht das Risiko ein. Selbst als Auferstandener wird er an eben diesen Wunden erkannt. Sie bleiben, sie verschwinden nicht einfach. Sie sind der andauernde, glaubwürdige Beweis seiner Liebe zu den Menschen. »Seht doch die Wunden an einen Händen und Füßen! Ich bin es wirklich!« (Lk 24,39) Dieser Jesus hat es immer und immer wieder getan. Er hat sich geöffnet, hat sich angreifbar gemacht. Das ist Ermutigung für mich gewesen, es zu wagen. Genauso wie die guten und erfüllenden Erfahrungen Grund waren, mich immer mehr auf Gott einzulassen.

Sich Gott zu öffnen, konnte und kann ich nicht trennen von der Notwendigkeit, mich meinen Freunden und Mitmenschen zu öffnen. Ansonsten wäre meine Gottesliebe wohl auch Gefahr gelaufen, zu einem spirituellen Überbau zu verkommen, der zur Realität aber auch null Bezug hat. Nur widerspräche das dem christlichen Ansatz, dass es nicht um Erlösung von der Welt, sondern Erlösung in der Welt geht. Dass das Reich Gottes hier und jetzt schon begonnen hat und spürbar ist. Deshalb glaube ich auch nicht daran, dass Menschen einfach zufällig in mein Leben fallen. Ich glaube, dass Gott mir so etliche Nachhilfestunden hat zukommen lassen. Damit ich glauben kann, dass Er mich wirklich liebt. Dass diese Liebe erfahrbar und spürbar wird in dem aufrichtigen und echten Miteinander.

Das verhindert nicht, dass es auch weiterhin schlechte Erfahrungen gibt. Immer wieder verteilt das Leben ordentliche Tritte. Es gibt weiterhin Menschen, die mich zutiefst verletzen und enttäuschen. Damit bekommt der leise Zweifel, dass das alles doch zu schön ist, um wahr zu sein, ausreichend Nahrung, um nicht ganz zu verschwinden. Dagegen hilft mir wirkungsvoll nur eines: Dankbarkeit. Jeden Abend bete ich nochmals. Ich setze mich und schaue auf den Tag zurück, auf das, was passiert ist. Und ich fange mit dem Guten an. Ich schaue auf die Begegnungen, die Gespräche, die Menschen, die mich berührt haben. Ich will einfach nicht, dass diese Momente unbewusst an mir vorbeirauschen. Dafür sind sie einfach zu kostbar. Damit wächst die Aufmerksamkeit für das Besondere im Alltag, für den Mehrwert. Die Empfindungsfähigkeit nimmt zu und es verändert meine Perspektive auf den Alltag und die Dinge, die mir dort begegnen und widerfahren.

Es gibt eine persische Sage, die das anschaulich macht. In irgendeinem Buch aus der Studienzeit habe ich sie mal gelesen und schleppe sie seitdem mit mir herum: Diese Sage erzählt von einem Mann, der am Strand entlangspaziert und Steine aufgesammelt hat. Mit ihnen wirft er nach schreienden Möwen – oder schleudert sie möglichst weit aufs Meer hinaus. Abends bemerkt er dann im Schein des Feuers: Es sind keine Steine. Es sind Diamanten. Er wird blass beim Gedanken, wie viele er davon achtlos durch die Gegend geschleudert und auf den Grund des Meeres versenkt hat. Also rennt er los, zurück zum Strand, um wenigstens noch den ein oder anderen einzusammeln.

Unsere Tage mit allem, was sich in ihnen ansammelt, sind solche Diamanten. Es ist viel zu schade, sie irgendwelchen Schreihälsen und Plagegeistern hinterherzuwerfen. Die täglichen Begegnungen sind zu wertvoll, um sie einfach in den Tiefen des täglichen Einerlei und Trott zu versenken. Mit dem täglichen Rückblick und einem Mindestmaß an schriftlichen Notizen sammle ich mir so meinen Dankbarkeitsvorrat für schlechte Zeiten, wenn der Zweifel wieder einmal anklopft und fragt: Na, biste sicher, dass es die Liebe gibt?

Betest du nicht,
lebst du nicht ...

Für Martin Luther war es selbstverständlich: »Man kann einen Christen ohne Gebet ebenso wenig finden wie einen lebendigen Menschen ohne Puls.« Wenn ich Gott wirklich erleben will, wenn er in meinem Alltag eine Rolle spielen soll, dann geht es nicht ohne beten. Nur so spüre ich: Da geht noch was in diesem Leben. Vor allem geht da was mit diesem Gott. Ich hatte erleben dürfen, dass die Liebe Gottes kein theologischer Fachterminus für Vorlesungen ist, sondern eine existenzielle Größe, die dem Leben eine ganz andere Perspektive und einen neuen Geschmack verleiht. Ich traute dem Leben wieder über den Weg und hatte weniger Angst vor dem, was da wohl noch alles auf mich zukommt. Oder wie mein geistlicher Begleiter es einmal in seiner unnachahmlich charmanten Art ausdrückte: »Der kleine Prinz hat sich von seinem Stein erhoben und wagt es, loszulaufen.« Ja, ich bin immer noch in seiner Begleitung.

Was für das menschliche Miteinander gilt, gilt auch in Bezug auf Gott. Willst du jemanden besser kennenlernen, willst du wirklich eine Freundschaft aufbauen, dann: Investiere Zeit und Vertrauen. Öffne dich. Ansonsten kannst du es auch gleich bleiben lassen und dich mit Small Talk und dem Austausch von oberflächlichen Freundlichkeiten begnügen. Kann man machen, muss man aber nicht. Mir ist dafür mit etwas mehr als dreißig meine Zeit zu schade. Ich brauche was Verlässliches, Tragendes – in jeder Hinsicht. Ich brauche Beziehungen, in denen wir miteinander vorankommen und wachsen. Wenn ich dementsprechend meine Beziehung zu Gott vertiefen will, dann gilt dabei dasselbe. Ich muss ihm Vertrauen und Zeit entgegenbringen. Das ist vor allem meine Sache, denn Gott ist ja immer da. Der hat immer Zeit. Ich bin derjenige, der in dem doch ach so vollen Terminkalender Freiraum schaffen muss für etwas derart Unzeitgemäßes. Ich bin es, der sich überlegen muss, ob es mir das wert ist, bei all dem Life-und-Bodystyling-Druck so etwas Nutzloses zu tun. Der Arbeitgeber vergütet Ihnen mehr oder weniger fair Ihre Arbeitsstunden, die Krankenkassen zahlen Ihnen die Präventivmaßnahmen zur Vermeidung von Rückenproblemen und allerlei anderer Wehwehchen. Aber die Zeit mit Gott, das Beten, wird Ihnen keine Institution vorschlagen und vergüten. Auf den Kosten bleiben Sie selber sitzen. Die Zeit mit Gott ist etwas Unzeitgemäßes.

Während sich beim Kaffeetrinken unproblematisch die neuesten Thermomix-Tricks austauschen lassen und Ernährungsratschläge den Diätgeplagten neue Hoffnung geben, bringen Sie mit Ihrem Vorschlag »Nimm dir Zeit fürs Gebet, das täte dir richtig gut« so manche Runde zum verlegenen Verstummen. Oder abfälligen Lächeln. Das Gebet hat es nicht leicht in dieser

Zeit. Doch es ist die einzige Möglichkeit, Gott besser kennenzulernen und in der Beziehung mit und zu ihm zu wachsen. Beten ist in diesem Sinne auch etwas Unzeitgemäßes.

Der Begegnung mit Gott gegenüber ist alles andere relativ. Kennen Sie diese Momente, in denen Ihnen bewusst wird, wie absolut bescheuert Sie eigentlich sind, dass Sie sich von Banalitäten in Ihrem Leben runterziehen lassen? Diese Momente erlebe ich immer, wenn das Meer in Sichtweite kommt. Wenn ich am Strand stehe, die Füße in den Sand grabe und den Blick über die Weiten gleiten lasse, während in meinen Ohren nur noch das gleichmäßige Rauschen aus Wind und Wellen zu hören ist. Da wird dieser ganze alltägliche Sorgenapparat, der bis gerade noch meine ganzen Gehirnwindungen in Anspruch genommen hat, so unendlich irrelevant und auf seine angemessene Größe zusammengestaucht. Das erlebe ich im Gebet genauso. Ich kann mir gut vorstellen, wie Gott süffisant über mich lächelt und sagt: »Na, Christian, ist es wieder so weit?« Ich gebe mich dann geschlagen und denke mir nur: »Du hast ja recht, Gott. Schon wieder.« Ich muss mich dann fragen lassen: »Wie willst du leben und vorankommen? Willst du alles tun, damit deine Umwelt dich gnädig anschaut, mag und hin und wieder ein wenig wohlwollenden Beifall spendet? Oder willst du leben, dass du immer freier wirst, immer mehr du selbst?«

Willst du leben wie du selbst? Willst du nach dem Gang der Alltagsmaschinen gehen, nur ein Rädchen im Routinezahnrad sein – oder doch du selbst? Doch mit dem Gefühl der Freiheit, auf den das Beten ein Vorgeschmack ist. Der Alltag mit all seinen Herausforderungen drängt sich uns massiv auf und nimmt uns in Beschlag. Die Arbeit, die belastet, die ich verloren habe, der ich nicht zu genügen scheine. Diese Krankheit, die mein Leben auf den Kopf stellt, mich jeden Tag an meine Grenzen bringt, wie eine nervige Klette mich immer wieder auf den Boden zieht. Das Examen, vor dem ich Angst habe, von dem meine Zukunft abhängt, mit dessen Ergebnis ich in den Augen der Leute bestehen muss. Vor allem das Geldverdienen, Lohn- und Preisspiralen, die unser allgemeines Wohl- und Sicherheitsgefühl im Griff haben. Wenn ich bete, wenn ich mich auf Gott einlasse, dann bekenne ich damit, dass ich Sehen und Hören, Greifen und Machen nicht als das Alpha und Omega der Welt betrachte. Das, was ich höre und tue, ist nicht das Eigentliche, das mich trägt und Leben ermöglicht. »Windhauch, Windhauch«, sagte Kohelet, »Windhauch, Windhauch, das ist alles Windhauch. Eine Generation geht, eine andere kommt. Nie wird ein Auge satt, wenn es beobachtet, nie wird ein Ohr vom Hören voll.« (Koh 1,2.4.8 nach der Einheitsübersetzung) Gott wird im Beten auf diese Weise »erfahrbar«. Vielleicht nicht greifbar, aber doch erfahrbar. Das kann dauern und dafür braucht es manchmal nicht wenig: »So spricht der Herr, der Heilige Israels: Nur in Umkehr und Ruhe liegt eure Rettung, nur Stille und Vertrauen verleihen euch Kraft. Der Herr wartet darauf, euch seine Gnade zu zeigen, er erhebt sich, um euch sein Erbarmen zu schenken. Denn der Herr ist ein Gott des Rechtes; wohl denen, die auf ihn warten« (Jes 30,15.18 Einheitsübersetzung) Darum geht's beim Gebet für mich: Stille und Vertrauen und Gott, der mir entgegenkommt. Und vor dem wir oft wegrennen, so wie ich das lange getan habe.

Als Priester in der Pfarrei gibt es inzwischen durch die Fusion nicht nur unendliche Weiten zu befahren, sondern ebenso viele Möglichkeiten, den Tag mit Arbeit zu füllen. Bei mir zum Beispiel, bei acht zusammengelegten Gemeinden, von der nur eine in der Stadt liegt, alle anderen drumherum, bietet sich genügend Potenzial, um am Ende des Tages mit dem Gefühl zurückzubleiben, nicht genügt und nicht allen gerecht geworden zu sein. Schön, dass sich für den geplagten Seelsorger in dieser Hinsicht eine beruhigende Stelle findet – sofern man sich denn darauf einlassen will. »Aber das Verbot Jesu änderte nichts daran, dass immer mehr Menschen von seinen Wundern sprachen. In Scharen drängten sie sich um ihn. Sie wollten ihn hören und von ihren Krankheiten geheilt werden. Jesus aber zog sich zurück, um in der Einsamkeit zu beten.« (Lk 5,15f.) Jesus scheint das Gefühl latenter Überforderung zu kennen. Oder wer es spiritueller haben möchte: Jesus weiß, dass er nicht nur im Außen und der Leistung leben kann, sondern ohne den Bezug zum Inneren und seinem Vater am Ende auf die Schnauze fliegt. Allein das Gebet lässt eine lebendige Beziehung zu Gott leben. Ansonsten droht, was der vor wenigen Jahren verstorbene Innsbrucker Bischof Stecher so ausgedrückt hat: »Wenn einer, der von Gott spricht und nicht dieses lebendige ›du‹ im Herzen trägt, bei dem wird das Wort ›Gott‹ zum Kaugummi. Immer wieder genannt, ekelt es mit der Zeit den Hörer an.«

Die gerade zitierte Stelle aus dem fünfte Kapitel aus dem Lukasevangelium bedeutet für mich auch die Gewissheit: Ich bin nicht derjenige, der den Menschen Heil bringen kann. Es gibt eben nur einen Gott und ich bin es nicht. Beruhigend.

Vor allem für einen Leistungsfanatiker wie mich. Ich kann die Menschen im besten aller Fälle zu diesem Gott führen. Auch das wiederum kann nur gelingen, wenn ich selbst überhaupt noch weiß, wo er denn ist. Lebe ich nicht mehr mit Gott, kann ich auch keinen zu ihm führen. Leben mit Gott heißt aber immer auch beten. Ein Leben ohne diesen Gott wäre für mich die größte vorstellbare Katastrophe. Dann nämlich hinge wieder alles nur von mir ab und das Scheitern ist vorprogrammiert. Beten ist damit keine Sache der Zeit. Beten ist eine Sache der Priorität und der Überlebensstrategie. Bete ich nicht, lebe ich auch nicht.

Im griechischen Text wird eine spezielle Zeitform verwendet für das »Jesus-zog-sich-zurück«. Sie bedeutet, dass etwas immer wieder und beständig getan wurde. Im Gegensatz dazu steht die einfache Vergangenheitsform. Sie wiederum wird in den meisten Übersetzungen verwendet und weist darauf hin, dass etwas in der Vergangenheit einmalig ausgeführt wurde und zwar zu einem bestimmten Zeitpunkt. Im Klartext: Das Gebet war für Jesus eine Lebensgewohnheit, die an oberster Stelle stand. Gerade in Momenten höchster Beanspruchung und Beschäftigung. Nun gelten die Heilungen und Wundertaten Jesu nicht gerade als ungöttliche und unmessianische Tätigkeit. Dennoch steht das Gebet davor. Da wir tendenziell weniger göttliche Taten in unserem Alltag vollbringen, gibt es ziemlich wenige Ausreden und Begründungsstrategien, warum gerade bei uns das Gebet nicht an erster Stelle stehen sollte. Ja, ich weiß, so etwas kann nerven. Mich auch. Ich muss immer wieder darum kämpfen, dass das Gebet mir nicht entgleitet. Es gibt sogar Phasen, da geht es nicht anders, als meinen Terminkalender damit zu füttern, damit ich das Beten nicht wegschiebe. Diese Zeiten gefallen mir so gar nicht. Aber anders drohe ich meinen eigenen Mustern und Ausflüchten zum Opfer zu fallen.

Über die Zeit habe ich – Gott sei Dank – auch feststellen können, dass das Gebet die Lebensprioritäten nachhaltig verändert. Die Pausen zwischen den Phasen des terminlich verordneten Gebetes sind deutlich größer geworden. Eines ist zumindest ins Herz eingebrannt: Gott kommt zuerst und alles andere danach ... vor allem die Arbeit kommt! Es gilt eben, was schon das Alte Testament unmissverständlich zum Ausdruck bringt: »Der Herr ist unser Gott, der Herr allein. Ihr sollt ihn von ganzem Herzen lieben, mit ganzer Hingabe, mit all eurer Kraft. Achtet darauf, dass ihr den Herrn nicht vergesst, euren Gott, der euch aus der Sklaverei befreit hat. Nur vor ihm sollt ihr Ehrfurcht haben, nur ihm dienen!« (Dtn 5,4.5.12.13) Das alles bündelt sich für mich in dem berühmten Ausspruch: »Das Gebet ist nicht alles. Aber ohne das Gebet ist alles nichts.«

So wie ich mich mit einem Freund zum Kaffeetrinken verabrede, weil ich Lust habe, ihn zu treffen, weil er mir etwas bedeutet, wichtig ist, so verabrede ich mich beim Beten mit Gott. Während ich allerdings fünf oder zehn Minuten, manchmal auch Monate oder Jahre zu spät komme, wartet er auf mich. Er läuft nicht weg. Wenn ich bete, dann wartet jemand auf mich, der in mich verliebt ist und der genau diese Einzigartigkeit sieht und mir zeigen will. Erinnern Sie sich mal zurück an die Zeiten, als Ihre Liebe so richtig frisch war. Erinnern Sie sich noch an diesen Blick, der die Sehnsucht

nicht verbergen konnte? Zum einen tat dieser Blick unglaublich gut und zum andern war klar, der springt mir gerade
auch aus dem Gesicht. Dieser Blick berührt und je mehr ich
ihm vertraue und je mehr ich ihn mir gönne, desto mehr verändert er mich. Das Schöne ist, dass Gott diesen Blick nicht
verliert und er nie weniger intensiv wird. Jaja, das klingt
nach einer gewaltigen Schnulze. Sorry. Aber ich stehe doch
auf Romanzen. Zumindest, wenn sie so wichtig für mein Leben sind.

Wenn Eltern ihr Neugeborenes im Arm halten, sehen sie
das absolut Einmalige in ihm, weil sie es lieben. Liebe entdeckt das Einmalige im Menschen, das die meisten nicht erkennen oder gar übersehen. Liebe entdeckt das Eigentliche
und Wesentliche fernab von Leistung und Co. Wenn ich bete,
dann wartet jemand auf mich, der in mich verliebt ist und
der genau diese Einzigartigkeit sieht und mir zeigen will. Erinnern Sie sich mal zurück an die Zeiten, als Ihre Liebe so
richtig frisch war. Erinnern Sie sich noch an diesen Blick, der
die Sehnsucht nicht verbergen konnte? Zum einen tat dieser
Blick unglaublich gut und zum andern war klar, der springt
mir gerade auch aus dem Gesicht. Dieser Blick berührt und
je mehr ich ihm vertraue und je mehr ich ihn mir gönne, desto mehr verändert er mich. Das Schöne ist, dass Gott diesen
Blick nicht verliert und er nie weniger intensiv wird. Oh je,
ich weiß, das klingt nach einer gewaltigen Schnulze à la Ro-
samunde Pilcher. Sehen Sie es mir nach. Auch wenn ich kein
Rosamunde-Fan bin, stehe ich doch auf Romanzen.

Jedenfalls, diese Liebe ist das Fundament und die tiefe Realität unter allem. Ob mein Leben gerade aus den Fugen ge-

rät, ob die Katastrophen nicht enden wollen und ich mir denke, es reicht doch endlich. Mit diesem Blick Gottes auf mich lebe ich, ob ich das gerade spüren kann oder nicht. Dieser Blick, diese Liebe ist da. Das ist Fakt, ob ich das wahrhaben will oder nicht. Genauso wurscht ist es, ob du an die Naturgesetze glaubst oder nicht. Sie existieren. Ob du sie gerade spürst oder nicht, ist denen auch vollkommen egal. Sie sind da. Genauso präsent ist Gottes Sehnsucht nach dir.

Wenn die Liebe Gottes mal nicht so ganz spürbar ist, vielleicht so gar nicht, dann ist es gut, sich das Faktum seiner Liebe ins Gedächtnis zurückzuholen. Denken und Fühlen sind nicht immer deckungsgleich. Leider. Da hilft es manchmal nur, sich ganz bewusst zu sagen, was Sache ist, nämlich dass Er mich will, dass Er mich liebt, jetzt in diesem Augenblick.

Die Romanze mit Gott ist übrigens nicht ungefährlich und nicht seicht. Sie hat wenig zu tun mit dem Geplänkel und Plätschern eines Rosamunde-Pilcher-Films. Nur weil Gott Liebe ist, heißt das nicht, dass er harmlos ist und mit mir auf Kuschelkurs geht. Wenn ich mich auf diese Liebe einlasse und in diese Beziehungskiste einsteige, dann kann das echte Konsequenzen mit sich bringen. Auch das berichtet die Bibel in allen Facetten. »Die Frau ging zu Jesus, kniete bei ihm nieder und weinte so sehr, dass seine Füße von ihren Tränen nass wurden.« (Lk 7,38) So erschütternd kann diese Begegnung sein. Sie trifft dich im Innersten. Am wundesten Punkt packt sie dich, den du so lange so gut weggeschoben hattest. Endlich kommt Luft dran und Bewegung hinein. Denn bei diesem Gott kannst du alles rauslassen. Er sorgt dafür, dass alles rauskommt.

Je älter wir werden und je »erwachsener« wir sein müssen, desto mehr vergrößert sich unsere Vorsicht. Wir alle haben im Laufe des Lebens so manches abbekommen. Das lässt vorsichtiger werden. Allerdings laufen wir Gefahr, so vorsichtig zu sein, dass Scheuklappen aufgesetzt werden oder nur noch durch fast verschlossene Jalousien ein Blick ins Leben riskiert wird. Aus Angst vor dem, was einem im Leben begegnen mag. Also setzen wir alles dran, uns auf welche Weise auch immer abzusichern. Manche sagen zwar, sie suchen das Leben, aber wie es auch mir lange erging, haben sie Angst vor ihrem eigenen Leben. Denn Etliches, wenn nicht sogar alles würde durcheinandergeraten, was sie so gängig leben.

Genau diese verschlossenen Türen öffnet das Gebet, die Beziehung mit Gott. Gott ist kein einfacher Lebenspartner. Er macht vor allem nicht zack-zack, so wie es die drei-bis-zehn-Punktebücher in der Lebensberatungsecke der Buchhandlung versprechen. Manchmal muss man ganz schön warten. Da braucht es Geduld. Geduld mit Gott ist Glauben. Aber die verschlossenen Türen werden Schritt für Schritt geknackt und aufgebrochen, bis Gott endlich eintreten kann und mir sagen darf: Friede sei mit dir! (Joh 20,19).

C. S. Lewis hat diesen Prozess der Veränderung und die hemmende Angst davor in einem schönen Bild festgehalten. Christen sind manchmal wie ein Ei, das fliegen möchte. Damit das funktioniert, müsste sich das Ei zuvor ausbrüten lassen, um ein Vogel zu werden. Aber es will sich nicht ausbrüten lassen. Dabei ist es relativ leicht für ein Ei, ein Vogel zu werden. Ein wenig Geduld und Übung, damit sich das einstellen kann, wozu das Ei bestimmt ist. Jedenfalls ist dieser

Weg viel leichter als das andere: Ein Ei bleiben und zugleich fliegen wollen. Ist nicht. Man kann nicht mit Gott leben und gleichzeitig bleiben wollen, wie und wo man ist. Es gibt kein halbes Leben mit Gott.

Ob es damit zu tun haben kann, dass nicht jedes Gebet erhört wird? Nun ja, da erging es Jesus nicht anders: »Vater, wenn es möglich ist, bewahre mich vor diesem Leiden. Aber nicht was ich will, sondern was du willst, soll geschehen.« (Lk 22,42) Wie die Sache ausging, das wissen Sie ja. Das Gebet ist kein Wunschkonzert und auch die Massivität des Betens ist am Ende kein Garant für die Erfüllung. Auch wenn man mir jetzt gerne anderslautende Bibelstellen um die Ohren hauen möchte, beispielsweise vom Freund, der in der Nacht kommt und bittet, oder von der Witwe, die dem Richter so lange auf den Senkel geht, bis sie ihr Recht erhält. Wäre das aber so einfach, dann müssten sich die Gebetsgruppen mit ihren teils widerstreitenden Anliegen nur noch niederlassen und wer massiver betet, erhält am Ende von Gott sein Carepaket. Nach dem Motto: »Tja, wenn du trotz vielem Beten nichts von deiner Liste erhältst, dann sei still und bete weiter. Du bist Gott noch nicht ausreichend lästig geworden.«

Das Ziel des Betens ist ein anderes: Die bedingungslose Bereitschaft, sich auf den Willen Gottes einzulassen, »aber nicht was ich will, sondern was du willst, soll geschehen«. (Lk 22,42) Das ist gar nicht so einfach. Vor allem nicht, wenn man die Konsequenzen bedenkt, die das mit sich bringen kann. Jesu Vereinigung mit dem Willen Gottes im Gebet ist ein realistisches Vorbild für das eigene Beten. Jesus bleibt sogar noch in der tiefsten Verlassenheit am Kreuz mit Gott verbunden. Er schreit nämlich mit den Anfangsworten des Psalms 22 »Mein Gott, mein Gott, warum hast du mich verlassen?« (Mt 27,46) Selbst in diesem bittersten Moment, bevor ihm der Boden endgültig unter den Füßen weggezogen wird, hält er an Gott fest. Wie kann das gehen? Braucht es dafür ausreichend masochistische Tendenzen oder einfach nur eine weltfremde Sicht, die sich das eigene Leben nur schön zurechtbiegt? Nein. Es braucht Vertrauen. Und es braucht Geduld. Es braucht den Glauben daran, dass Gott absolut das Gute will: »Würde jemand von euch seinem Kind einen Stein geben, wenn es um ein Stück Brot bittet? Oder eine giftige Schlange, wenn es um einen Fisch bittet? Wenn schon ihr hartherzigen Menschen euren Kindern Gutes gebt, wie viel mehr, wird euer Vater denen Gutes schenken, die ihn darum bitten?« (Mt 7,9ff.)

Das ist der Nachsatz zur berühmten Stelle: »Bittet Gott, und er wird euch geben«. (Mt 7,7) Es braucht Vertrauen, um Gott zu glauben, dass Er wirklich weiß, was am Ende gut für mein Leben ist. Die Bibel jedenfalls hat die tiefe Überzeugung, dass der Mensch sich dieses Urteil nicht anmaßen soll. »In der Mitte des Gartens standen zwei Bäume: der Baum, dessen Frucht Leben schenkt, und der Baum, der Gut und Böse erkennen lässt. (...) Gott hat gesagt: ›Esst nicht von seinen Früchten, ja – berührt sie nicht einmal, sonst müsst ihr sterben.‹« (Gen 2,9ff.) Der Mensch ist einfach nicht gemacht für das letztgültige Urteil über Gut und Böse. Deswegen braucht es das Vertrauen darauf, dass Gott weiß, was gut für mich ist und mir das auch geben will, selbst in den Phasen, wo mir alles zu entgleiten droht.

Das Gebet ist deshalb keine Fluchtstrategie vor der manchmal bitteren Realität meines Lebens. Ich gehe damit nicht vorbei an meiner inneren Gespaltenheit, an meiner Zerrissenheit. Ich betäube damit nicht meine Enttäuschungen, meine Verluste und meine Einsamkeit. Die Wahrheit ist doch: Der Mensch ist und bleibt ein verdammt fragiles Wesen und Wunden gehören zum Lebensweg dazu.

Mit dem Gebet und der Stille geht es hinein und durch all diese Dinge hindurch. Das Gebet hilft mir, diese Dinge an mich herankommen zu lassen, das Leben an mich heranzulassen. Beten gibt mir die Kraft zurück, nicht an den bitteren und schweren Momenten und Phasen hängen zu bleiben. Gebet hilft dabei, der Sinnlosigkeit standzuhalten, damit Tod und Elend nicht das allerletzte Wort haben. Das ist überhaupt nichts Frömmlerisches, sondern etwas Österliches: Es hilft beim Auferstehen. Es hilft, einen Schritt weiter zu gehen, damit ich diese Erfahrungen durchlebe. Das braucht manchmal auch Jahre und manch bittere Pillen tauchen auch immer wieder auf.

Mein geistlicher Begleiter hat das einmal großartig formuliert: Man kann seine Tage nicht vermehren, aber das Leben der Tage kann man mehren, wenn man weiß, was einen wirklich am Ende hält. Gott hält mich und lässt mich damit tiefer in dieses Leben und die Realität der Welt eintauchen.

Das Gebet führt also nicht dazu, dass ich die Augen verschließe vor meiner Realität und schon gar nicht vor der um mich herum. Im Gegenteil. Es bewirkt, die Augen weit zu öffnen. So weit, dass es fast wehtut. Wie bei der biblischen Erzählung vom Barmherzigen Samariter lenkt es nicht ab von dem, was um mich geschieht, sodass ich vorbeigehe und vorbeilaufe. Das Gebet fördert meine Aufmerksamkeit, weil es aus der Stille kommt. Jeder schreit heute nach Achtsamkeit und verbindet damit fernöstliche Weisheiten. Doch Beten, christliches Leben, das ist Achtsamkeit. Als Christ heißt es, mehr wahrzunehmen als andere.

Dazu gehört auch, wahrzunehmen, dass Gott immer da ist. Der Gedanke kann ja auch nerven. Kann der mich nicht mal in Ruhe lassen? Der wartet doch bestimmt wieder auf mein Gebet. Tut er. Zum Glück und ohne Ungeduld. Ungeduldig sind nur wir. Über Gott aber heißt es: »Kann eine Mutter ihren Säugling vergessen? Bringt sie es übers Herz, das Neugeborene ihrem Schicksal zu überlassen? Und selbst wenn sie es vergessen würde – ich vergesse dich niemals! Unauslöschlich habe ich deinen Namen auf meine Handflächen geschrieben.« (Jes 49,15f.) Beten ist Beziehungspflege und hat ein Gegenüber: Gott. Jeder Mensch ist von ihm nur ein Gebet weit entfernt.

Vom Priesterwerden zum Priestersein

Das Priesterseminar ist ein ganz besonderer Kosmos und ein eigenwilliges Biotop. Da wächst so manche Pflanze, die draußen nur wenig Überlebenschancen hätte. Von Messgewändershoppern auf Ebay, Reliquienjägern, die ihre Schätze vor dem Semestergespräch mit dem Regens fix einlagern, um kritische Nachfragen zu umgehen, bis hin zu eigenwilligen Typen wie mir, die ab einem gewissen Grad an Vergemeinschaftung Ausschlag bekommen. In meinem Abschlussgutachten war der Satz zu finden: »Herr Olding pflegte vor allen Dingen Kontakt zu Personen außerhalb des Hauses.« Das war zwar nicht als Kompliment gemeint, ich habe es aber trotzdem als solches verbucht. Schließlich wollte ich nicht ständig Lachsalven und entgeisterte Blicke ernten, wenn ich erzählte, dass wieder ein gemütlicher Abend in der »Zölibar« auf dem Plan stand, der seminareigenen Kneipe, oder es eine Einführung ins Kloputzen gab. Kein Scherz. Am Ende bin ich jedenfalls nicht wegen der Zeit im Priesterseminar, sondern trotz dieser Zeit Priester geworden.

Denn eine Werbeveranstaltung sind die Jahre dort gewiss nicht und würden ganze Bücher für sich füllen. Die allerdings schreibe ich wohl besser, wenn ich die achtzig erreicht habe.

Es ist eher scherzhaft gemeint, wenn unter Kollegen der Satz entgleitet, so ganz normal kann keiner sein, der sich in der Kirche engagiert. Doch es steckt ein ziemlich wahrer Kern dahinter. Etliche – fast alle? – bestätigen ihn. Ein wenig tröstet es mich, zu wissen, dass die Kirchengeschichte voll ist mit kruden Typen, männlichen wie weiblichen. Ein Franziskus, der nackt über den Markt lief, eine Theresa von Avila, deren Visionen mehr als schlüpfrig um die Ecke kommen, und etliche andere Schwerenöter würden heute wohl kaum ein Aufnahmeverfahren in kirchlichen Institutionen überleben. Zumindest würde ich gern ihre psychologischen Gutachten lesen, die bei der Aufnahme ins Priesterseminar fast in jedem Bistum obligatorisch sind.

Die Frage ist wohl nur, welche Meise einen auszeichnet. Dient die Meise dem Ziel, Menschen in Kontakt mit Jesus zu bringen, oder sind sie eher eine Ausgeburt der eigenen Eitelkeit. Die Grenzziehung mag manchmal sehr schwierig sein. Eine meiner Meisen ist jedenfalls die fast naive Überzeugung, dass da noch was geht mit Kirche und Glauben. Naiv, weil immer mehr Menschen zeigen, dass sie auch ohne Glauben gut zurechtkommen. Jedenfalls meinen sie es. Ich glaube ihnen gern, dass sie gut über die Runden kommen. Ich sage aber auch klar, dass ich meine, sie wären mit einem Glauben an Jesus Christus weitaus besser dran. Genauso wie säkularer Humanismus super ist, gar keine Frage. Aber das Christentum bietet eben einen erheblichen Mehrwert. Das ist nicht arrogant zu verstehen, überhaupt nicht. Das ist die Naivität, von der ich schrieb. Wir sind so, dass wir in der Kirche der festen Überzeugung sind, dieser Glaube kann eine Hoffnung vermitteln, die gute Gründe hat. In einer Zeit nämlich, in der die Sprache des Hasses immer mehr um sich greift, braucht es einen glaubwürdigen Gegenpol, braucht es Klartext. Klartext in der Sprache und Klartext im Leben. Hass dagegen ist die Sprache der Dummen, der braunen Suppe in diesem Land, der Terroristen und all derer, die daraus ihren Profit ziehen. Diese Sprache kann nicht mit Abschottung, nicht mit Mauern, nicht mit mehr Anti-Terror-Einsätzen und Kriegshandlungen überwunden werden. Hass wird nur durch Liebe überwunden. Ich weiß, das ist ein abgenutztes Bild. Aber christliche Liebe ist das nicht. Bei christlicher Liebe geht es um Gerechtigkeit, um Freiheit, um Versöhnung und Barmherzigkeit. Es geht um eine Liebe, die nach konkreten Taten drängt. »Deshalb, meine Kinder, lasst uns einander lieben: nicht mit leeren Worten, sondern mit tatkräftiger Liebe und in aller Aufrichtigkeit. Daran zeigt sich, dass die Wahrheit unser Leben bestimmt.« (1 Joh 3,18f.) Es geht um einen Klartext-Lebensstil!

Dieser Lebensstil muss lauter sein als die Parolen des Hasses, als die Stimmen der Hetzer und Menschenverächter. Deswegen ist das Christentum nichts allein für abgeschlossene Räume und das stille Kämmerlein zu Hause. Deswegen ist gelebtes Christentum immer eine Gemeinschaftssache. Dieser Lebensstil drängt vor die Türen, zeigt sich den Hassern, Besorgten, Ängstlichen, Terroristen und Bombenwerfern. Er übertönt sie und will überzeugen, dass es anders geht. Das ist die Naivität, die ich als Priester in der Kirche mit mir herumschleppe. Manchmal, ja manchmal zweifle auch ich als Kirchenmitarbeiter an unseren Überzeugungen und Werten. Da ist es gut, sich zu erinnern, dass ich einen verlässlichen Partner an meiner Seite habe. »Aber ich habe für dich gebetet, damit du den Glauben nicht verlierst. Wenn du dann zu mir zurückkehrst, so stärke den Glaube deiner Brüder!« (Lk 22,32) Das verspricht Jesus seinem Felsen, der schon bald ins Wanken kommen wird und zur Geröllhalde mutiert. Aber wie Petrus bleibe ich fest vom Glauben und unseren Werten überzeugt und will sie leben. Deswegen suche ich meinen Platz in der Kirche und will mein Leben dafür einsetzen.

Im Priesterseminar muss es daher darum gehen, die persönliche Entwicklung der »Typen«, die sich dort versammeln, voranzubringen. Es braucht Mut, einen ehrlichen Blick auf sich zu werfen, sich seine Eigenheiten und Eitelkeiten einzugestehen. Es braucht Kraft und fähige Begleiter, die mit einem daran arbeiten, damit ich fähig werde, mich zu kennen, mich mit ehrlichen Augen anzuschauen und mich zunächst einmal Gott zu präsentieren, wie ich bin.

Andererseits bereitet das nicht gerade konfliktlose Miteinander gut auf die kommenden Realitäten vor: von links nach rechts, von progressiv bis traditionell, von pastoralorientiert bis spiritualisiert ist alles zu finden. Nicht zu vergessen, dass die unterschiedlichsten Alters- und Entwicklungsphasen aufeinanderprallen. Für manch einen im Seminar ist die eigene Heimatgemeinde das absolute Ideal von Kirche. Dass die persönliche Realität aber immer nur ein Funke im Rahmen der kirchlichen Vielfalt ist, wird dabei gerne einmal übersehen.

Die Geister scheiden sich nicht zuletzt bei der Frage nach der Bedeutung des Studiums: Zehn Semester und zwei Sprachen sind schließlich keine Kleinigkeit und bündeln viel Energie. Für manche Seminaristen ist das eher lästiges Beiwerk. Da wird die Rechtgläubigkeit mancher Professoren infrage gestellt, denen man sich schon im ersten Semester theologisch, menschlich und spirituell um Längen voraus fühlt. Ein anderes Mal wird infrage gestellt, wozu dieser ganze theologische Kram in der Praxis überhaupt zu gebrauchen ist. Ich persönlich finde, wer bei Beerdigungen verantwortlich über Auferstehung reden will, ohne sich in fromme Phrasen zu verlieren, der sollte schon mal durchdacht haben, welche Gründe es für diese Überzeugung gibt. Vielleicht würden dann die Predigten auch wieder lebensrelevanter wahrgenommen. Ah, ja: Es gibt dann auch noch die, die in der Liturgie geradezu die äußeren Formen vergöttern. Da kann es leicht zum Politikum entarten, ob Sie beim »Ehre sei dem Vater und dem Sohn und dem Heiligen Geist« im täglichen Stundengebet das Haupt neigen oder nicht.

Wenn hier schon gerade aus dem Nähkästchen geplaudert wird – es gibt eine Episode, an die ich gerne schmunzelnd zurückdenke: Der Donnerstagabend bot im Seminar die Gelegenheit zur eucharistischen Anbetung. Über den Sinn und Zweck dieser Form zu schreiben, würde den Rahmen sprengen. Aber ich kann es nicht lassen, über zwei Personen zu sprechen, deren Äußerungen mir im Gedächtnis geblieben sind. Sie bringen auf den Punkt, worum es geht. Außerdem bieten die beiden Zitate ausreichend Stoff zum Nachdenken. Ansonsten gilt auch hier: Einfach mal machen!

Zum einen wäre da Edith Stein: »Der Herr ist im Tabernakel gegenwärtig mit Gottheit und Menschheit. Er ist da, nicht seinetwegen, sondern unseretwegen: weil es seine Freude ist, bei den Menschen zu sein. Und weil er weiß, dass wir, wie wir nun einmal sind, seine persönliche Nähe brauchen. Die Konsequenz ist für jeden natürlich Denkenden und Fühlenden, dass er sich hingezogen fühlt und dort ist, sooft und solange er darf.« Dann Raniero Cantalamessa, der Prediger des päpstlichen Hauses: »Die eucharistische Anbetung bedeutet konkret, eine Herzensbeziehung mit Jesus aufzubauen, der in der Hostie wahrhaft präsent ist. Eucharistische Betrachtung heißt, einen anschauen, der mich anschaut.«

Jetzt aber zurück in die Kapelle des Priesterseminars zur einprägsamen Begegnung zwischen dem Seminaristen und der Ordensfrau, die mit ihren Mitschwestern dem Haus eine Seele verlieh. Da kniete also der Seminarist in der Bank, versunken in die Anbetung und leise vor sich hin betend. Aber immerhin so laut, dass das Umfeld in einem Radius von mindestens zwei Bänken dies deutlich vernahm. Man hätte leicht den Eindruck gewinnen können, dass das unter Umständen auch die Absicht war, während die Rosenkranzperlen durch seine Finger glitten. Neben die leicht vornübergebeugte Haltung trat noch der Andachtswinkel des Halses. Was das ist? Kennen Sie zufällig Herz-Jesu-Statuen? Wenn nicht, macht nichts, das Internet hilft weiter. Viele dieser Statuen zeigen einen Jesus, der mit leicht seitlich geneigtem Hals einen wehmütigen Blick gen Himmel richtet. Das meine ich mit Andachtswinkel. Auf lange Sicht ist das jedenfalls keine gesunde Haltung. Das dachte sich wohl auch unsere gute Schwester, die in die Kapelle kam. Ein echtes Urgestein, und sie überzeugte mit einer recht deutlichen und manchmal auch herben Ansprache. Sie schritt in den Mittelgang der Kapelle, blieb stehen. Schaute auf den Seminaristen für ein paar Augenblicke. Dann schritt sie weiter. Stieß ihn an und sagte: »Das ist auf Dauer nicht gut für den Hals.« Und ging weiter. Versuchen Sie mal, in diesem Moment das Lachen zu unterdrücken. Das Verhalten des »Mitbruders« war ohnehin eine echte Herausforderung, da es ständig verleitete, an dem Schauspiel hängen zu bleiben. Und dann das!

Jahre nach meiner Ausbildung gibt es viel Eindrücke und einer ist vor allem geblieben: Das Priesterseminar hat etwas von einer Käseglocke. Es ist ein in sich geschlossenes System, das notwendigerweise Skurriles hervorbringt und auch manch trügerischen Luxus. Mir kam die Struktur des Tagesablaufes sehr entgegen. Als kleiner Monk war das super: feste Gebetszeiten, geregelte Verpflichtungen, klare Erwartungshaltungen, ein hohes Maß an Verbindlichkeit. Für jemanden, der auf ein geregeltes Leben steht, ist das klasse. Super, wenn man sich drauf einlassen kann. Der Stundenplan für die Woche war gesetzt. Als Luxus bezeichne ich nach wie vor diese Maßgabe: ein stiller Abend in der Woche, ein stilles Wochenende im Monat, eine stille Woche im Jahr. Was manchem vielleicht einen kalten Schauer über den Rücken treibt, ist die beste Versicherung, um mit sich und dem da oben in Kontakt zu bleiben. Stille ist und bleibt der beste Freund der Wahrheit.

Doch es gibt eine Zeit nach dem Seminar. Der Gemeindealltag ist weitaus weniger regelmäßig und steuerbar. Zur

Zeit beispielsweise befinde ich mich in einem Konstrukt aus acht fusionierten Gemeinden. 2017 steht das zehnjährige Jubiläum dieses Mammuts an – ja, die Doppeldeutigkeit ist genau so gemeint, es ist ein ausgestorbenes und riesiges Gebilde. Ein Grund zum Feiern? Ich befürchte, dass die meisten in der Pfarrei keinen Bock darauf haben. Trotzdem: Was wäre, wenn ich bei Terminabsprachen in der Pfarrei nun sagen würde: »Sorry Leute, aber ich hab da meinen stillen Abend mit Gott, ich kann da nicht.« Die Gesichter würde ich gerne auf Foto haben. Das träfe wohl nur bei einem verschwindend geringen Prozentsatz auf Verständnis. Oder: Ich stelle mir vor, wie mein Team reagieren würde bei der Verteilung von Eucharistiefeiern und Predigtschienen. »Hey, nehmt es mir nicht übel, aber das hatte ich mir als Wüstenwochenende eingetragen. Ihr wisst ja, wenigstens einmal im Monat brauche ich mein stilles Wochenende.« Alleine der Reaktionen wegen wäre der Test eine grandiose Idee.

Was ich damit sagen will: Das Priesterseminar ermöglicht fast eine klösterliche Spiritualität, die von festen Zeiten und festgelegten Abläufen geprägt ist. Leider entspricht das nicht der Realität der Pfarrei. Hier wird von mir genauso viel Mobilität verlangt, wie es inzwischen in jedem anderen Beruf auch der Fall ist. Die Krise ist vorprogrammiert. Allein schon deswegen, weil ein Priester bei seiner Weihe zum Diakon verspricht, das Stundengebet für sich und als Gebet für die Pfarrei und die Menschen zu pflegen. Das ist ein schönes und hohes Ideal. Ich bete für die Menschen in meiner Gemeinde und ich bete stellvertretend für all die, die es in ihrem Alltag nicht schaffen, können oder wollen. Es geht darum, die einzelnen

Tageszeiten mit dem, was sie ausmacht, vor Gott zu bringen und so dem biblischen Grundsatz treu zu bleiben, »hört niemals auf zu beten« (1 Thess 5,17). Das ist nicht nur eine spirituelle Sache. Es ist auch eine ziemlich ernste Angelegenheit, wenn man einen Blick in die kirchlichen Texte wirft. Muss auch mal sein, sehen Sie es mir nach: Da wären zum Beispiel »Die Konstitution über die heilige Liturgie« (SC) des Zweiten Vatikanischen Konzils, Nr. 95, 96, 97, die »Allgemeine Verordnung der Liturgie« (OULČ, Nr. 17, 28–32 und der »Codex des kanonischen Rechtes« (CIC), das kirchliche Gesetzbuch, Can 276, § 2 und 1174, § 1.

SC (Nr. 96) formuliert: »Die nicht zum Chor verpflichteten Kleriker sind, soweit sie höhere Weihen empfangen haben, gehalten, täglich gemeinsam oder allein das gesamte Stundengebet nach Maßgabe von Art. 89 zu verrichten.« OULČ (Nr. 29) stellt klar: »Bischöfe, Priester und Diakone, die nach dem Priestertum streben, die von der Kirche den Auftrag erhalten haben, die Liturgie der Stunden zu feiern, verpflichten sich, jeden Tag sie in ihrem ganzen Umfang zu verrichten, indem sie, nach Möglichkeit, auch die Reihenfolge der Gebete einhalten.« Und CIC (Can. 276, § 2) fügt hinzu: »Alle Priester wie auch die Diakone und die Anwärter auf das Priesteramt sind zum täglichen Stundengebet gemäß den eigenen und gebilligten liturgischen Büchern verpflichtet.« Als krönenden Abschluss habe ich noch einen Professor des kanonischen Rechtes an der Päpstlichen Universität Gregoriana zu bieten. Den habe ich in einem Aufsatz zitiert gefunden: »Der Kleriker, der für bestimmte Zeit, ohne einen schwerwiegenden Grund, das Beten des Stundengebetes auslässt, sündigt schwer.« So, wenn das keine Ansage ist, dann weiß ich nicht. Es ist ein Versprechen, das vor großem Publikum abgelegt wird und das kein Priester, den ich kenne, auf die leichte Schulter nimmt.

Konkret bedeutet das vier bis fünf verpflichtende Gebetszeiten am Tag. Sie bestehen aus einer Zusammenstellung von Hymnen, alttestamentlichen Psalmen, biblischen Texten, Fürbitten und Gebeten. Doch was macht ein Priester, wenn er plötzlich selbst zu denen gehört, die es nicht mehr schaffen, zu beten? Was tun, wenn die eingegangene Verpflichtung zu einer Art Leistungssport mutiert? Es gibt da unterschiedliche Lösungsansätze: Man lässt es einfach, weil die Erfahrung immer hinter dem Soll zurückzubleiben, zu schmerzhaft und beißend ist. Oder man betet auf Halde: zur Laudes, dem Morgengebet, gleich schon einmal die Sext oder das Abendgebet, die Vesper, dazu. Und oft: Man leidet an seinem Unvermögen, alles unter einen Hut zu bekommen und so quäle ich mich mit einem dauerhaft schlechten Gefühl.

Nun vom man zum ich, zur zögerlichen Einleitung und zum Geständnis, dass ich auch hinter dem Versprechen zurückbleibe. Nicht aus Leichtfertigkeit, wohl aber aus Beziehungsgründen.

Beim Übergang in den Gemeindealltag wurde mir relativ schnell klar, dass der Gebetsstundenplan aus dem Priesterseminar nicht einzuhalten ist. Tolle Kiste. Das hätte man mir ein bisschen deutlicher erklären können als lediglich mit dem euphemistischen Hinweis: »Sie werden sich neu sortieren müssen«. Neu sortieren? Ich würde das eher »neu erfinden« nennen. Leider sterben die Leute nicht nach Plan, Notsituationen fügen sich nur ungern in die Freiräume meines

Kalenders und zu doof aber auch, dass der Normalgläubige tagsüber arbeiten muss und daher erst in den Abendstunden Zeit für den Herrn Kaplan findet, um gemeinsam dem Sitzungskatholizismus und der Hochzeitsvorbereitung zu frönen. Was also tun? Das Gewissen quälte direkt nach meinem Auszug aus dem Seminar massiv. Denn es stand dieses große Versprechen im Raum, das nun als Ideal an einem Balken hing, der unerreichbar schien. Außerdem war es mit diesen Gebetszeiten ja nicht getan. Mit dem Stundengebet hatte ich noch keine stille Zeit in meinem Tagesablauf gefunden. Die aber wollte ich definitiv nicht mehr aufgeben. Sie war und ist die Grundbedingung meiner geistlichen Begleitung. Ach ja, und in der Bibel habe ich damit auch noch nicht gelesen. Jedenfalls nicht, wenn ich ein Interesse daran habe, mehr als immer nur dieselben Auswahlstücke zu erblicken. Denn alle vier Wochen wiederholen sich die Texte. Wunderbar.

Gefühlt stand ich wieder am Anfang der Seminarzeit. Beten und spirituelles Leben wurden erneut zu einem Leistungsding. Na toll. Da grinste er mich wieder dämlich an, dieser Leistungsdämon. Zu früh war ich der Überzeugung gewesen, ihn endlich aus meinem Leben verbannt zu haben. Ich finde es echt frustrierend, immer wieder daran erinnert zu werden, dass es solche Dauerbaustellen im Leben gibt, die immer und immer wieder um Ecke kommen. Mit Mr. Perfect wird es in diesem Leben nichts mehr werden. Immerhin gut zu wissen, dass auch der ehrgeizige und nach Vollkommenheit strebende Paulus sich damit rumzuschlagen hatte. »Gott selbst hat dafür gesorgt, dass ich mir auf die unbeschreiblichen Offenbarungen, die ich gesehen habe, nichts einbilde.

Deshalb hat er mir ein quälendes Leiden auferlegt. Es ist, als ob ein Engel Satans mich mit Fäusten schlägt, damit ich nicht überheblich werde. Dreimal schon habe ich Gott angefleht, mich davon zu befreien. Aber er hat zu mir gesagt: ›Meine Gnade ist alles, was du brauchst! Denn gerade wenn du schwach bist, wirkt meine Kraft besonders an dir.‹ Darum will ich vor allem auf meine Schwachheit stolz sein. Dann nämlich erweist sich die Kraft Christi an mir.« (2 Kor 12,7–9) Eines kann ich dann auch an dieser Stelle definitiv behaupten: Ich habe Gott mehr als dreimal darum gebeten, mir das doch ein wenig leichter zu machen. Ehrlich gesagt, ich hätte es gern gehabt, dass er mich alles ganz einfach unter einen Hut bekommen lässt. Leider ist Gott ein schlechter Verhandlungspartner. Jedenfalls ereilte mich an dieser Stelle derselbe Erkenntnisgewinn wie schon zuvor: Lass es! Lass das bleiben mit dem Machen-Wollen, lass das bleiben mit dem Erarbeiten-Wollen! Und nun?

Die Frage, die ich mir stellte, war folgende: Was sagt meine Tages- und Wochenplanung darüber aus, welchen Stellenwert ich Gott und meiner Beziehungspflege mit ihm gebe? Ein Gutes habe ich bisher immer genießen dürfen, nämlich an Pfarrer geraten zu sein, denen das gemeinsame Gebet wichtig ist. Fast jeden Morgen ist da jemand, der auf mich wartet, um gemeinsam mit der Laudes in den Tag zu starten, nachdem ich zuvor meine Zeit der Stille für mich genommen habe. Der katholische Mittagsschlaf ist mir immer schon fremd gewesen, sodass ich für einen kleinen Ausstieg aus dem Tagesprogramm das Stundenbuch und die Bibel ranziehe, damit ich nicht vergesse, für wen und mit wem ich hier eigentlich meine Dinge tue. Manchmal stehe ich in der Gefahr zu vergessen, dass ich die Welt gar nicht retten muss, weil das schon einer getan hat. Tja, und bevor das Bett zu seinem Recht kommt, erinnere ich Gott abends an seine Aufsichtspflicht für die Menschen und ihre Geschichten, die mir im Laufe des Tages entgegengeflogen sind. Außerdem danke ich für alles, was mich heute getroffen, bewegt und mich ein wenig mehr vom Leben hat verstehen lassen. Das hilft ungemein, nicht im Alltagstrott zu versumpfen. Stattdessen bekommt so jeder Tag seine Einmaligkeit, die er verdient und die ihn auszeichnet. Es geht dabei nicht um weltbewegende Ereignisse. Manchmal reicht schon ein Lächeln aus der Kirchenbank, das einen an sich verkorksten Tag rettet, eine Seite im Buch, die die mich bewegt hat, eine liebenswürdige E-Mail in meinem Postfach, ein gutes Telefonat. So entgleitet mir der Tag wenigstens nicht. Außerdem habe ich das Gefühl, ich würdige die Erlebnisse mehr und das Leben bekommt seinen Geschmack zurück. Das alles halte ich kurz schriftlich fest. Mit den Texten der Komplet gehen die gesammelten Werke des Tages auf die Reise. So kann der Kopf zumeist relativ frei das Kopfkissen suchen und in den Ruhemodus wechseln.

Natürlich gibt es Tage, an denen auch das alles nicht so läuft, sei es, weil alles anders kam als gedacht, am Abend der Körper schon längst seinen Geist aufgegeben, oder der verfluchte Ehrgeiz mich doch zu lange an den Schreibtisch gefesselt hat. Das ist dann nicht nur saublöd. Das ist dann leider auch in dem Moment nicht mehr zu ändern.

Was sich für manch einen wie Überlegungen zu Luxusproblemen liest, ist für mich etwas sehr Existenzielles. Denn Beten ist mein Job, meine Aufgabe, meine Verpflichtung. Ohne das Gebet würde ich auf Dauer an Wortdurchfall leiden, weil mein Reden und Dasein für andere leer, phrasenvoll und unnütz würde. Über eine Reißleine in meinem Alltag freue ich mich daher besonders: Das gemeinsame Gebet – sowohl unter Priestern, im Team und mit anderen. Es hat den Vorteil, dass da jemand ist, der auf mich wartete. Also noch einer, meine ich. Es gibt eine Verbindlichkeit. Schließlich wäre es kein feiner Zug, die anderen zu versetzen. Außerdem prägt Beten eine Gemeinschaft. Es macht noch sichtbarer, um wen es geht bei der Arbeit.

Ist das alles hier nun ideal? Nein. Packe ich damit mein Soll? Nein. Fühle ich mich deswegen schlecht? Nein – nicht mehr. Bin ich vollkommen? Nein. Ist das eine faule Ausrede? Nein. Dafür habe ich zu sehr um diesen Umgang und diese Lösung gerungen.

Haben Sie gedient?

Das Übel nimmt seinen Anfang mit der Weihe. Ich mache jetzt einen kleinen Sprung zurück, noch vor meinen derzeitigen Priesteralltag. Doch ich will noch einmal ganz ehrlich sagen: Ich war jahrelang im Seminar nur auf das Ziel fixiert, Priester zu werden. Und ich war sicher nicht der Einzige. Auch die Priesterausbildung krankt an demselben Problem wie viele andere Ausbildungen: Es mangelt an Praxisanteilen. Ich richtete mich deshalb im Märchensyndrom ein: Sie lebten glücklich bis an ihr Lebensende. Es gibt herrliche Bücher über die Spiritualität des Priesters, die Sinnhaftigkeit und den Mehrwert des zölibatären Lebens, die tiefe Bedeutung der sakramentalen Handlungen und die hohe Würde des Amtes. Nur schade, dass diese Bücher nicht alle gelesen haben, für die ich heute da bin und meinen Dienst tue. Sie wissen schon: »Schade« mit Anführungszeichen und dieser Gestik mit den beiden Händen.

Jedenfalls bringt die Vorbereitung auf eine Weihe viel Verständnis für Hochzeitspaare und deren Irrsinn im Vorfeld mit: Wer wird eingeladen? Passt der Anzug vom Abiball noch? Wie sieht es mit Geschenkwünschen aus? Dann: Kelch und Schale werden in Auftrag geben, ein Gewand muss her, daheim soll schnell alles für die Feierlichkeiten nach der ersten Messe in der Heimatgemeinde geklärt werden ... Letzteres übrigens barg riesen Konfliktpotenzial. Versuchen Sie mal, Ihre Mutter davon zu überzeugen, dass Sie keine Lust auf schniekes Essengehen haben, sondern liebe eine kleine Grillparty mit Ihren Freunden und nahen Verwandten im Garten haben möchten. Drama! Am Ende lief alles mehr oder weniger und ich fieberte auf diesen großen Tag hin.

Der war in der Tat groß und furchtbar ergreifend. Ich hätte es mir nicht so vorstellen können. Denn wirklich alles lag oben auf: Die Tatsache, dass mein Vater an diesem Tag nicht dabei ist. Die Tiefen der vergangenen Jahre, durch die ich mich gearbeitet habe. Unendlich viel Dankbarkeit für die Freunde, die wissen, was dieser Schritt für mich bedeutet. Und eine Feier, die jedem unmissverständlich klarmacht, wie abhängig der Priester in seinem Dienst von der Beziehung zu Gott ist. Die praktischen Konsequenzen waren, dass ich vor lauter Aufregung und Nervosität nicht dazu in der Lage war, mich selbstständig in der Sakristei anzuziehen und bei etlichen die Sorge auslöste, ob ich es denn wohl überhaupt in die Kirche schaffen würde. Die Feier selbst hat dann meinen sämtlichen Taschentücher-Vorrat und noch ein freundlich zugestecktes Kelchtuch aufgebraucht. Mann, war ich eine Heulsuse. Aber die Emotionen, der zurückgelegte Weg und die Bedeutung dieses Tages hatten es verdient.

Außerdem feierten mehr als tausend Menschen mit und die Kirche ein gutes Stück sich selbst. Alles in allem hebt das ordentlich in die Höhe. Diese Himmelfahrt geht auch ein we-

nig weiter als die Feierlichkeiten in der Heimat- und Einsatzgemeinde, die ungemein gut tun, aber eben bei aller Freude
auch Gefahr laufen, mich auf ein Podest zu heben, auf das
ich nicht gehöre. Denn Kirche ist die Einrichtung, in der die
Karriereleiter nur bergab geht. »Auch der Menschensohn ist
nicht gekommen, um sich bedienen zu lassen. Er kam, um zu
dienen und sein Leben hinzugeben.« (Mt 20,28) Je mehr ich
mich also dazu verpflichte, die Sache Jesu weiterzuverfolgen,
umso mehr werde ich Dienstleister für die anderen. Nicht
ohne Grund ist einer der Titel für den Papst »servus servorum
dei – Diener, der Diener Gottes«. Dienen und nicht herrschen
ist die Devise. Wer am höchsten steigt, steigt am weitesten ab.

In dieser Hinsicht werde ich ein entscheidendes Erlebnis
am Tag meiner ersten Eucharistiefeier in meiner Heimatgemeinde nicht vergessen: Nach der Messe am Morgen und
der Andacht am Nachmittag war ich nicht nur platt vor lauter Aufregung, sondern auch froh, unter meinen Freunden
sein zu können, die alles taten, nur mich sicher nicht als etwas Besonderes behandelten – mit oder ohne Weihe. Davor
allerdings war ich noch um etwas gebeten worden: Meine
Grundschullehrerin – sie wissen schon, die Eine, die man
nicht vergisst, weil sie so unglaublich prägend war –, die bat
mich, ihrer bettlägerigen Schwägerin den Primizsegen zu
spenden. Das wäre ihr unglaublich wichtig. Da konnte ich gar
nicht Nein sagen, meiner Lehrerin zuliebe nicht und weil die
Dame wirklich auf dem letzten Abschnitt ihres Lebens unterwegs war. So stand ich am Bett dieser Frau, die nicht mehr
viel sagen konnte, der aber ihre emotionale Aufregung mehr
als deutlich anzusehen war. »Mein Gott, was tust du hier ei-

gentlich?«, durchfuhr es mich. Wer bin ich denn mit meinen Endzwanzigern, dass ich dieser Frau etwas zu geben habe? In dem Moment wurde mir klar, was es heißt, als Priester seinen Dienst zu tun, für etwas zu stehen und ein »Amt« auszuüben. Wie vermessen war es doch zu glauben, dass es in dieser Situation um mich geht und als ob ich irgendetwas Relevantes tun könnte. So ein Quatsch. In diesem Augenblick stand ich für etwas, nämlich für Seinen Segen, Seine Nähe und Seinen Beistand in allen Herausforderungen des Lebens. Das hatte ich für diese Frau erfahrbar zu machen, indem ich ihr die Hände auflegte. Die Worte, die einen tragen, die Zusage von Trost und Halt kann man sich so schlecht selbst geben.

Drei Tage später ist die Frau gestorben.

Das beendete die Himmelfahrt der vergangenen Tage auf eine gute Art und Weise.

Auf ähnliche Weise war ich nach meiner Diakonweihe auf den Boden der Tatsachen befördert worden, als die erste Beerdigung anstand. Was war ich nervös. Zuerst der Anruf. Ich habe dieses blöde Telefon auf meinem Schreibtisch eine gefühlte Ewigkeit angestarrt, bevor ich den Hörer abnahm und die Nummer wählte. Das Telefonat dauerte knapp zwei Minuten, dann war das Treffen vereinbart. Ich radelte mit dem Fahrrad zu der Witwe, die nach mehr als fünfzig Jahren Ehe ihren Mann verloren hatte. Ich stand an der Tür und habe ein von Herzen kommendes »Hilf mir bitte« nach oben geschickt. Schließlich saß ich einer weißhaarigen Dame gegenüber, die mit ihrer aufrechten Sitzhaltung eine imposante Erscheinung war. Was für eine skurrile Szene: Da sitzt ein 27-Jähriger einer 78-Jährigen gegenüber und soll ihr Trost

spenden und die Beerdigung ihres Mannes feiern. Das erinnerte mich stark an eine Szene aus dem Film Gran Torino.
Clint Eastwood in seiner Rolle als Walt Kowalski hat seine
Frau verloren und wird von einem jungen Priester verfolgt,
der es nur allzu gut mit ihm meint. Schließlich schleudert
ihm Walt entgegen: »Ich beichte, dass ich nicht den Wunsch
habe zu beichten bei einem Jungen, der gerade erst vom
Priesterseminar kommt.« Und später drückt er dem Priester, dass er nichts über Leben und Tod wissen könne, weil er
ein »27-jähriger jungfräulicher Streber« sei, »der abergläubi-
schen Frauen gerne das Händchen hält und ihnen das ewige
Leben verspricht«. Der einzige Unterschied zwischen ihm
und mir, zwischen uns beiden Priesterjüngelchen, bestand
darin, dass ich mir meinem »Fehl-Am-Platz-Sein« sehr wohl
bewusst war. Ihre ersten Worte waren daher folgerichtig:
»Mein Gott, sind Sie jung. Ist das Ihre erste Beerdigung?«

Klar, man sah mir auch noch an, dass die praktische Erfahrung fehlte. Na super. Das konnte ja nur noch in die Hose
gehen. Also brachte ich ihr mit meinem freundlichsten Lächeln ein »In der Tat, das haben Sie leider richtig erkannt«
entgegen. Darauf erhielt ich mit einem Lächeln – bei dem
ich mir bis heute nicht sicher bin, ob es nicht eher ein leicht
schelmisches Schmunzeln war – von ihr zurück: »Ach, keine Sorge, das bekommen wir beide schon hin.« Tja, wer war
da gerade für wen da und wer bot eine Stütze? Jedenfalls, es
waren zwei herrliche Stunden mit Kaffee, Gebäck und einem
wundervollen Leben. Ich habe selten wieder so viel lachen
dürfen bei der Vorbereitung einer Beerdigung. Auch wenn
es am Ende natürlich ein trauriger und bewegender Tag war,

denn wer gibt schon gerne so viele Jahre gemeinsamen Lebens aus den Händen?

Tödliche Krankheiten und Sterbenmüssen machen mir immer wieder deutlich, dass ich das Letzte und das Entscheidende nicht festhalten kann. Ich versuche verdammt viel, um mir in diesem Leben etwas aufzubauen. Ich investiere viele Sorgen, viel Fantasie, Arbeit und Energie, um aus meinem Leben etwas zu machen. Dann »eines Morgens wachst du nicht mehr auf, die Vögel aber singen, wie sie gestern sangen. Nichts ändert diesen Tageslauf«. Tja, lieber Goethe, das sind weise Worte. Eigentlich sollte das reichen, mich selbst nicht zu wichtig zu nehmen. Doch diese kluge Einsicht geht im Alltagsgeschäft schnell wieder flöten. Der Tod kommt als Zerstörer, er nimmt, woran man gearbeitet hat. Aber grausamer ist wohl die Tatsache, dass er einem die Menschen nimmt, die man liebt und zum Leben braucht. Auch wenn für mich die Zeit stehen zu bleiben scheint, so laufen die Tage weiter dahin, einer nach dem andern. Das ist brutal. Das haut deshalb auch immer rein, egal wie jung oder alt der Mensch ist, der gerade sein Leben abgibt. Selbst wenn ein alter Mann durch den Tod von seinem Leiden erlöst wird: Was hilft das denen, die zurückbleiben? Macht das die Leere des Hauses erträglicher? Lässt das seine Stimme weniger schmerzlich vermissen? Es gibt kein noch so »gutes Leben« vorher, das diesen Verlust einfach gut sein lässt. Und es gibt kein schönes Sterben, das darüber hinwegtrösten könnte, dass jetzt dieser Mann, dieser Ehemann, nicht mehr da ist.

Der Tod stürzt mich persönlich deshalb immer in eine Krise. Auch wenn inzwischen etliche Beerdigungen gefeiert wurden und ich wieder und wieder mit dieser Erkenntnis konfrontiert worden bin; weiser bin ich im Umgang mit meiner Zeit noch nicht geworden. Allerdings macht solch eine Beerdigung auch deutlich, was diese frommen Sätze der Bibel eigentlich im Kern meinen: »Unüberwindlich wie der Tod, so ist die Liebe, und ihre Leidenschaft so unentrinnbar wie das Totenreich! Wen die Liebe erfasst hat, der kennt ihr Feuer: Sie ist eine Flamme Gottes! Mächtige Fluten können sie nicht auslöschen, gewaltige Ströme sie nicht fortreißen. Böte einer seinen ganzen Besitz, um die Liebe zu kaufen, so würde man ihn nur verspotten.« (Hl 8,6f.) Liebe endet eben nicht am Grab. Sie kapituliert nicht einfach vor dem Sarg. Sie geht weiter. Das hat mir diese erste Beerdigung sehr deutlich gemacht. Nur weil die alte Dame ihren Mann nicht mehr bei der Hand nehmen, ihm den allabendlichen Gute-Nacht-Kuss nicht mehr geben konnte, heißt das nicht, dass ihre Liebe zu ihm mal eben ein Ende gefunden hat. Die hört nicht einfach auf und gibt sich damit zufrieden, dass der Tod sagt: »Aus, Schluss und vorbei«. Die Liebe hält fest.

Dahinter steckt eine ziemlich simple Rechnung. Wenn Gott die Liebe ist. dann ist, in jeder echten Liebe zwischen Menschen Gott schlicht und ergreifend da. Weil aber der Tod Gott nichts anhaben kann, muss der Tod auch vor der echten Liebe kapitulieren und kann sie nicht beseitigen. Deswegen endet die Liebe nicht an der Grabeskante. Sie geht weiter. Nur die Beziehungsform ändert sich, weil wir nicht mehr anfassen und zugreifen können.

Woher ich das eigentlich weiß? Ich weiß es nicht, aber ich bin mir sicher. Weil ich es hoffe. Weil auch Gottes Sohn gestorben ist, wie wir sterben. Weil er begraben worden ist wie wir, wie alle Menschen. Und weil dieser Jesus nicht im Tod geblieben ist, sondern Gott ihn auferweckt hat am dritten Tag. Weil er lebt und sich der Tod an ihm die Zähne ausgebissen hat und ihn loslassen musste. Genauso wird er auch uns loslassen müssen. Dieser Jesus zeigt: Gottes Macht hat am Tod keine Grenze. Nichts, gar nichts kann mich daran hindern, dass ich zu Gott komme und bei ihm zu Hause sein werde.

Das ist mein Glaube. Ein Glaube, der sich durch nichts und niemanden irremachen lässt. Er stemmt sich gegen alle Strömungen der Zeit und das Geschwätz der Leute. Es gibt Hoffnung! Diese Hoffnung ist stärker als der Tod. Wem das zu unsicher ist, für den habe ich noch die schöne pragmatische Variante des Blaise Pascal im Angebot: Die macht Ihnen deutlich, dass Sie mit dem Glauben an ein Leben nach dem Tod nur gewinnen können. Angenommen, es gibt den Himmel: Sterben Sie nun und haben Ihr Leben lang im Glauben an diesen Himmel Ihre Tage und Taten verbracht. Herzlichen Glückwunsch! Sie haben den Jackpot geknackt. Sterben Sie nun und haben Ihr Leben lang einen Heidenspaß gehabt, ohne zu berücksichtigen, dass Gott auf der anderen Seite des Lebens auf Sie wartet. Nun, dann dürfte Ihr Gespräch mit ihm etwas intensiver ausfallen. Laut Pascal hat also in dieser Variante der gläubige Mensch einen satten Vorteil auf seiner Seite. Angenommen, es gibt den Himmel nicht. Nun, auch in diesem Falle hätten Sie als gläubiger Mensch gewonnen. Sie haben Ihr Leben mit Hoffnung gelebt und gestaltet. Diese Hoffnung hat Ihnen geholfen, in schwierigen Momenten den Kopf über Wasser zu halten, nicht aufzugeben, hat Sie zu Mitmenschlichkeit und Güte animiert. Wenn Sie nun sterben und es wartet nichts auf Sie, dann braucht Sie das nicht zu stören. Sie bekommen es ja ohnehin nicht mehr mit. Dem, der von vornherein nicht an ein Leben nach dem Tod geglaubt hat, ist Ihnen in nichts voraus. Sie stehen beide am selben Abgrund. Es gibt nur einen gravierenden Unterschied: Sie haben aus Ihrem Leben vor dem Tod etwas grundlegend Anderes gemacht. Wie Sie sehen, laut Pascal können Sie mit dem Glauben an den Himmel nur auf der Gewinnerseite landen.

Der Christ ist ein Gewinner, selbst wenn er sich oft nicht so fühlt. Das klingt gut, könnte aber auch eine fiese Vertröstung sein. Ist es nicht. Zumindest dann nicht, wenn wir wissen, was wir mit unserem Leben vor dem Tod anfangen. Denn wie Sie hoffentlich gemerkt haben, ist das die eigentliche und alles entscheidende Frage. Bei mir haben die Immer-Wieder-Erfahrung vom Tod und das Beerdigen mein Beten verändert. Je grausamer die Umstände, umso schweigsamer werde ich. Was soll auch schon zu sagen sein, wenn eine junge Mutter an Krebs zugrunde geht und zwei Kinder und einen jungen Familienvater zurücklässt? Was bleibt einer Familie zu sagen, wenn ein Kind vom Auto erfasst wird, weil es fix den Bus erwischen wollte und dabei nicht mehr so ganz auf die Straße und den Verkehr achten konnte? Was sage ich einer Familie, deren Sohn sich vor den Zug wirft, weil der Schmerz des Lebens zu unerträglich geworden ist? Was sage ich Kindern, wenn ihre Mutter stirbt und sie allein zurückbleiben und sich darauf gefasst machen müssen, von nun an getrennt voneinander ein neues Zuhause zu finden? Da bleibe ich betroffen und fassungslos sitzen und kann nur aushalten. Nach einem solchen Besuch werfe ich Gott nur noch die Brocken hin und bete: »Sieh mal zu, dass du aus dieser Scheiße was Gescheites machst.« Nur leider bleibt die Ansprache trotzdem an mir kleben. Theoretisch ist klar, dass solche Momente auf einen warten. Aber wenn sie dann da sind … Ich kann Gott nur mein Nichtverstehen um die Ohren hauen und ihn um seine Kraft und seinen Segen für diese Familien bitten, dass sie an dieser bitteren Erfahrung nicht zerbrechen. Und ich muss für mich und meinen Job beten, dass ich das Elend der Menschen durch mein Dasein und meinen Beerdigungsdienst nicht noch größer mache. Sondern, dass mir hoffentlich gelingt, mit ihnen zusammen eine Feier zu gestalten, die das Abschiednehmen ermöglicht und ihre Trauer ein wenig auffängt.

Muss das so sein –
oder geht das auch anders?

Wie geht eigentlich Kirche? Diese Frage stellt man sich seit Längerem. Zu hören sind vor allem die verschiedenen Trauergesänge, die am Ende alle gleich klingen: immer weniger Kirchenbesucher, immer mehr friedhofsblond in den Reihen. Immer mehr Leute verstehen immer weniger von dem, worum es geht. Und die Lösung fehlt – immer noch. Frustrierend.

Vor diesen Fragen kann man sich auch im Priesterseminar nicht verschließen. Ich erinnere mich noch an eine besondere Situation: Wir flogen damals als Kurs mit dem Regens über nach Amerika. Bevor jetzt gleich jemand denkt oder sogar aufstöhnt: »War das denn unbedingt nötig?« oder »Das bei denen da drüben ist doch gar nicht mit unserer Situation vergleichbar!«, sage ich nur: Moment! Und füge hinzu: Wenn es der katholischen Kirche in Deutschland an etwas mangelt, dann an Visionen.

Ja, ich weiß, da war mal der Altkanzler Schmidt mit seinem Visionen-Bashing. Aber das ist Quatsch. Wir brauchen

Visionen. Und die entstehen nicht, wenn man sich ständig nur in der eigenen Mangelverwaltung suhlt und die eigenen Notentscheidungen mit euphemistischen Begriffen aufwertet. Gemeindefusionen werden zur Schaffung pastoraler Räume erklärt, in denen sich die Möglichkeit zur spirituellen Erneuerung bietet. Nur schade, dass diese geistige Erneuerung keiner gewollt hat. Denn sie setzt am falschen Ende an. Es ist eine priesterzentrierte und von ihm abhängige Erneuerung. Denn gäbe es von denen noch immer genug, wäre wohl keine einzige Gemeinde in Deutschland fusioniert worden. Dementsprechend mutet es mehr als skurril an, wenn davon gesprochen wird, den Gläubigen mehr Verantwortung zu übertragen und mehr Raum zur Entfaltung ihrer Talente und Begabungen zu geben. Wie kann denn ein Konzept, das sich primär und zuerst am Priestermangel orientiert und ihn zu kompensieren versucht, zu einer Stärkung der Gläubigen führen? Das ist ein Widerspruch. Implizit sagt man damit doch: Wir schaffen es nicht mehr, also macht ihr jetzt mal.

Die Intention ist in diesem Fall das Entscheidende. Die Hauptmotivation ist doch eben nicht die Stärkung der Gläubigen, sondern der Versuch, des Priestermangels Herr zu werden. Plötzlich werden Dinge möglich, die noch vor Jahren undenkbar wären, zum Beispiel Gemeindeleitung oder Beerdigungsdienst. Die Zustandsanalyse damals war aber keine andere als heute. Nur weil sich Sozialgestalt und Struktur von Pfarreien ändern, führt das noch lange zu keinem wirklichen Aufbruch und zu einer Erneuerung des Glaubens.

Die Volkskirche ist vorbei. Manche bedauern es, andere erleichtert es. So oder so, ich glaube nicht, dass die Menschen früher allesamt frömmer waren als heute. Ich habe die Befürchtung, dass der soziale Druck mehr Leute in der Gemeinschaft gehalten hat, ohne dass deswegen schon eine Auseinandersetzung geschweige denn eine Übereinstimmung mit den Glaubensinhalten gegeben war. Die gesellschaftliche Ächtung und Stigmatisierung bei Zuwiderhandlung war nicht gerade gering. Die Folgen begegnen selbst mir noch in der täglichen Arbeit. Ein Dauerthema: der Umgang mit Geschiedenen und Wiederverheirateten. Das mutet bei mancher Erzählung geradezu nach mittelalterlichem Pranger an. Da werden Leute geschnitten, aus Gremien hinauskomplimentiert und beim sonntäglichen Messbesuch schräg angeschaut und mitunter angemacht.

Wir haben kein Recht, den guten alten Zeiten hinterherzutrauern. Wenn sie denn überhaupt so gut waren – und nicht nur alt. Der Glaube sucht sich seine Form in jeder Hinsicht, ästhetisch wie sozial. Das bringt Epoche für Epoche und Generation für Generation neue Ausdrucksweisen mit sich. Das ist natürlich nicht nur schön. Veränderung ist nicht gerade das, wonach wir uns sehnen. Wenn sich schon die ganze Welt um uns herum so rasend schnell ändert, könnte doch wenigstens die Kirche der stabile Fels bleiben. Emotional kann ich das sogar verstehen. Ich selbst mag auch viel lieber die geregelte Verlässlichkeit. Da weiß ich, was ich habe.

Nur ist das keine christliche Einstellung. Jesus selbst ruft zur Umkehr auf. Er fordert mich auf, immer wieder meine Haltungen und Handlungen in den Blick zu nehmen und zu überdenken: Stimmen sie noch mit der Botschaft Jesu überein? Sind sie mit seiner Predigt, seinem Handeln, seinem Anliegen noch vereinbar? Schließlich hat sich die Kirche selbst eine dauerhafte Erneuerung ins Stammbuch geschrieben. Das berühmt-berüchtigte »ecclesia semper reformanda« geht wohl ursprünglich auf Jodocus van Lodenstein zurück und formulierte ein Grundanliegen der Reformation. Schließlich hat sich das Vaticanum II. dieses Anliegens selbst verschrieben: »Auf ihrem Weg durch Prüfungen und Trübsal wird die Kirche durch die Kraft der ihr vom Herrn verheißenen Gnade Gottes gestärkt, damit sie in der Schwachheit des Fleisches nicht abfalle von der vollkommenen Treue, sondern die würdige Braut ihres Herrn verbleibe und unter der Wirksamkeit des Heiligen Geistes nicht aufhöre, sich selbst zu erneuern, bis sie durch das Kreuz zum Lichte gelangt, das keinen Untergang kennt.« (Lumen Gentium Nr. 9) Prüfungen und Trübsal – so so. Wenn das nicht zur aktuellen Lage der katholischen Kirche in Deutschland passt. »Die Kirche wird auf dem Wege ihrer Pilgerschaft von Christus zu dieser dauernden Reform gerufen, deren sie allzeit bedarf, soweit sie menschliche und irdische Einrichtung ist.« (Unitatis Redintegratio Nr. 6) Eine Erneuerung der Kirche ist also in jeder Hinsicht immer wieder aktuell und erstrebenswert. Damit kann Tradition kein Kampfbegriff sein für eine Zementierung des »Das war aber immer schon so«. Kirche steht immer am Anfang, auch wenn bereits Tausende von Jahren an Geschichte und Glaubensleben hinter uns liegen. Wir stehen immer wieder am Anfang, wenn wir uns fragen, wie sich heute Menschen in eine Beziehung zu Gott führen lassen. Das führt unweigerlich dazu, dass Kirche sich und ihre Formen hinterfragen muss.

Von daher lohnt es sich, den Horizont zu weiten und einfach mal bei anderen vorbeizuschauen. Zum Beispiel in Amerika. Was mich dort beeindruckt hat, war das Selbstverständnis, mit denen die Personen ihre Arbeit dort tun. Spenden akquirieren, predigen, Tisch decken, Gemeinde leiten und kochen. Alles wurde als Dienst am Leib Christi verstanden. Das machte auf mich nie den Eindruck, als sei das vor sich her getragen, sondern wirklich in der eigenen Haltung verankert. Die konkrete Verwirklichung einer Forderung des heiligen Paulus: »All euer Tun – euer Reden wie euer Handeln – soll zeigen, dass Jesus euer Herr ist.« (Kol 3,17) Anders gesagt: Jesus ist der Chef und alles, was ich tue, erledige ich für ihn. Wenn das nicht eine überzeugende Arbeitshaltung ist! So etwas kann gar nicht ohne Folgen bleiben. Es ist damit egal, wer was erledigt. Die Arbeit ist gleichwertig, weil sie nicht für den Applaus der Leute geschieht – der bleibt unbenommen wohltuend, ist aber nicht das Entscheidende –, sondern für Gott. Den interessiert aber eben nicht, welchen Job ich erledige, sondern nur, wie ich ihn erledige, mit welcher Einstellung. Nur so ist letztlich gewährleistet, dass wir reife Christen werden »und bereit, in allen Dingen Gottes Willen zu erfüllen.« (Kol 4,12). Die Frage lautet dann für jeden von uns: Wo ist mein Platz in diesem Leib? Wo bin ich an der richtigen Stelle, um bestmöglich Gott zu dienen und seinen Willen zu erfüllen?

In den Gemeinden, die wir damals mit unserem Kurs besuchten, zog das natürlich auch Konsequenzen nach sich. Die scheinen für die deutsche Seele geradezu verrückt und frech. Die Pfarreien liefern nicht mehr alle ein Rundum-Versorgungspaket. Nicht jede bietet alles an. Den einen fehlt jegliche Seniorenpastoral, den anderen die Jugend und wieder andere haben sich auf junge Familien festgelegt. Ich höre schon innerlich den Aufschrei unserer Gemeinden. Stellen Sie sich das mal vor: Ihre Gemeinde würde auf den Familien- oder Seniorensektor verzichten, weil das nicht das Charisma Ihrer Gemeinde ist. Leute, die auf der Suche danach wären, würden Sie freundlich an die Nachbarpfarrei weiterverweisen, weil die es einfach besser können. Leute, die sich in diesen Bereichen engagieren möchten, schicken Sie ebenfalls nach nebenan. Natürlich weiß ich, dass wir vor allem Vorzeigepfarreien besucht haben und auch die amerikanischen Katholiken ihre Probleme haben. Aber faszinierend ist es.

Wir haben damals auch einen kleinen Abstecher zu Willow Creek gemacht, eine der großen Freikirchen. Da hat es mich gepackt. Wahnsinn. An die 20.000 Gottesdienstbesucher an einem Wochenende. Kleingruppen, die sich in dem Komplex treffen, um ihren Glauben zu vertiefen. Seminare für den christlichen Umgang mit Vermögen. Und auch ganz praktische Kurse mit Antworten auf solche Fragen: Wie wechsle ich einen Reifen? Kein Witz. Das ist mir vor allem deshalb in Erinnerung geblieben, weil ich mich in dem Moment ertappt fühlte und wusste: Das kannst du auch nicht. Der Kurs wurde allerdings nur für Frauen angeboten. Hm ...

Man mag ja über die Megachurches denken, was man will. Aber irgendetwas müssen sie richtig machen, wenn sie einen derartigen Zulauf erleben. Scheinbar gelingt es ihnen, eine Sehnsucht in den Gläubigen zu berühren, zu bedienen. Es gelingt ihnen offensichtlich besser als uns. Als südoldenburgisches Landei mit lupenreiner katholischer Prägung war das mein erster Kontakt mit einer Freikirche. Ich war völlig unbedarft in dieser Hinsicht und hatte daher auch keine Ahnung von möglichen Kritikpunkten oder Anfragen. Ich war einfach nur hin und weg vom ersten Eindruck und wollte mehr erfahren.

Im Internet zog ich mir deshalb Predigten und ganze Gottesdienste rein, las Bücher von Bill Hybels, dem Gründer und leitenden Pastor von Willow Creek Community Church. Für mich ergaben sich folgende Punkte, die zentral waren: einfache Worte, einen dauernden und klaren Bezug zur Bibel, eine Leidenschaft beim Verkündigen, eine Professionalität, ein nüchterner pragmatischer Zug – es ist eben keine evangelikale Gemeinschaft. Ein wesentliches Merkmal auch die grandiose Musik und die beeindruckenden Sänger. Das geht unter die Haut. Da hängen wir mit unserem neuen geistlichen Lied so was von hinterher. Dazu Videos und Animationen, die berühren. Ich dachte an den alten biblischen Satz »Prüft jedoch alles und behaltet das Gute!« (1 Thess 5,21) und fragte mich: Wie geht das auf katholisch?

Eine Maßgabe war relativ einfach ins Programm aufzunehmen – wenngleich deutlich schwieriger umzusetzen: das Predigen in klaren, verständlichen Worten mit deutlichem Bibelbezug. Wenn es einfach wird, wird es schwer. Es gibt viele schöne kirchliche, theologische und spirituelle Floskeln, die man sich fast ungewollt antrainiert. Sie können ja beim nächsten Weihnachtsgottesdienst »Bullshit-Bingo« spielen. Das funktioniert wie normales Bingo. Statt Zahlen und Buchstaben müssen sie hier Phrasen wegstreichen. Schauen Sie, wie viele der folgenden Floskeln in der nächsten Weihnachtspredigt auftauchen: »Gott macht sich ganz klein, damit wir groß werden«; »Mitten in der Dunkelheit dieser Welt leuchtet ein helles Licht auf«; »Wir können einander Licht sein«; »weil Gott sich ganz verschenkt, können auch wir füreinander da sein«. Habe ich etwas vergessen? Klar, da gibt es noch: »Lasst uns dem Stern folgen«, »Gott hat uns durch seinen Sohn alles gegeben« und natürlich »Gott will uns ganz nah kommen«. Was für geübte Kirchenohren vertraut klingt, hört sich für andere Zielgruppen hohl und nichtssagend an. Ist es oft auch.

Tatsache ist, dass wir mit unseren sonntäglichen Eucharistiefeiern, unseren Trauungen, Beerdigungen und Taufen immer noch eine sehr große Breitenwirkung haben und mit Menschen in Kontakt kommen, die zum Teil lange nichts mehr mit Kirche und Glauben am Hut hatten und haben. Bei diesen Gelegenheiten bietet sich die Möglichkeit, Werbung zu machen für die eigene Sache. Das heißt noch lange nicht, dass die Leute begeistert von ihren Sitzen springen werden. Aber ich muss sie durch eine schlecht vorbereitete Predigt nicht unnötig und zusätzlich in ihren Vorurteilen bestätigen. Predigten getreu dem Motto »der Heilige Geist wird's schon richten« klappen wohl nur selten und sollten keine Ausrede sein für fehlende Zeit – oder fehlende eigene Begeisterung. Spätestens an dieser Stelle beginnt nämlich die Priorisierung von Arbeit. Wie viel Zeit lasse ich mich die Vorbereitung meiner Liturgien kosten? Als pastoraler Mitarbeiter hat man in der Regel kein Problem, sich von morgens bis abends mit Terminen zuzuballern. Da droht die Vorbereitung von Predigten schnell auf den letzten Drücker verschoben zu werden.

Außerdem predigen die meisten Willow Creek-Pastoren

frei. Das verlangt noch mehr Vorbereitung. Schließlich soll die Predigt nicht einfach nur auswendig gelernt wirken. Die Leute sind mir mehr oder minder ausgeliefert. Sie müssen mir zuhören. Dennoch ist das Ganze eine Beziehungskiste. Schließlich will ich die Menschen vor mir erreichen, sie treffen und etwas auslösen. Wenn ich dafür an meinem vorbereiteten Text und in Gedanken an den richtigen Formulierungen klebe, wird es schwierig, das zu realisieren. Außerdem sind dafür die gewichtigen Ambos allzu oft im Weg. Diese gewichtigen Barrieren, von den vor allem die biblischen Texte vorgetragen werden. Herrliche Einrichtungen, um dahinter seine wackligen Knie zu verbergen, aber eben auch eine Barriere zu den Menschen vor mir. So ohne jeden Schutz vor der Gemeinde zu stehen, war am Anfang eine geradezu unangenehme Sache, weil eben nichts mehr zwischen uns stand.

Die Predigt ist aber nur das eine. Denn wenn die Kirche immer etwas drauf hatte, dann war es eines: das Inszenieren. Katholische Liturgie setzt eben nicht allein auf das Wort und den Verstand des Menschen, sondern weiß, dass ein paar mehr Sinne befriedigt werden wollen. Vor allem gilt, was die Band Rammstein in ihrem Song »Morgenstern« so schön schmettert: »Der Mensch ist doch ein Augentier, schöne Dinge wünsch' ich mir.« Also schicken wir Heerscharen an Messdienern zu Pontifikalämtern mit Leuchtern bewaffnet durch den Mittelgang. Das braucht eigentlich niemand. Sieht aber verdammt gut aus. Es braucht auch kein Richter-Fenster im Kölner Dom, das ebenso gut eine Werbung für die Farbvielfalt von Brillux sein könnte. In diesem gigantischen Gebäude sieht es einfach genial aus und wenn sich das Sonnenlicht in seinen bunten Scheiben bricht, löst es an diesem Ort eben ein emotionales Oh-Erlebnis und ein Gefühl des Heiligen aus. Die ganzen goldbestickten Gewänder, die edelsteinbesetzten Gefäße, die mühevoll aus dem Stein gehauenen Heiligenfiguren, das ist alles zweitrangig. Es hat eine Dienstfunktion. Es soll den Wert und die Bedeutung des Ortes, der Feier, der Geste unterstreichen. Sie helfen, das Heilige, das unseren Alltag übersteigt, zu fassen. Die Methoden und Ausdrucksweisen, dieses Ziel zu erreichen, haben im Laufe der Geschichte immer wieder Wandlungen erfahren.

Natürlich sind da die Geschmäcker verschieden. Es gibt Dinge, die werden als schön und ästhetisch erlebt und anderes verstört eher und schreckt ab. Die Ästhetik einer Piusbruderschaft beispielsweise mit ihren liturgischen Gewändern hat für mich eher abschreckenden Charakter und wirkt so vollkommen der Zeit enthoben. Oder der römische Ritus in seiner außerordentlichen Form, der es mir unmöglich macht, wegen all der Gesten, Gebete und natürlich der Sprache eine innere Beteiligung an dem zu finden, was gefeiert wird. Da habe ich eher das Gefühl, ich schaue einem Theaterstück zu, bei dem ich aber außen vor bin und allein die Akteure am Altar involviert sind. Das ist mein Empfinden, das es mir unmöglich macht, hier mitzufeiern.

Ähnliches gilt aber auch für etliche unserer nachkonziliaren, volkssprachlichen und die aktive Teilnahme ermöglichenden Gottesdiensten. Wir hängen den ästhetischen Entwicklungen ein wenig hinterher. Die gelungenen Inszenierungen unserer Zeit finden leider an anderer Stelle statt: Tomorrowland im belgischen Boom, Parookaville im niederrheinischen Weeze, das Sziget-Festival auf der Donauinsel Óbuda bei Budapest – und für manchen Fernsehzuschauer ist es eben die Helene-Fischer-Show. Allen gemeinsam ist, dass sie sich der Ästhetik unserer Zeit bedienen. Warum wir nicht? Auch in dieser Hinsicht sind den Katholiken die Freikirchen um Meilen voraus. Dabei genießen wir einen ungemeinen Vorteil: Wir besitzen bereits heilige Räume und müssen sie nicht erst schaffen. Wir brauchen nicht wie To-morrowland einen Ort zu kreieren, der sich vom Alltag unter-scheidet und in eine »neue Welt« einlädt. Mach die Kirchen-tür auf und du befindest dich an einem Ort, der sich definitiv von der Alltagswelt und Alltagskultur unterscheidet!

Ich finde nur, wir müssten unsere heiligen Orte besser in Szene setzen, sie auf das Wesentliche ausrichten und sie nicht zu spirituellen Rumpelkammern, Stuhllagern und bo-tanischen Anlagen verkommen lassen. Kirchen sind keine Orte, um darin zu groß gewordene Zimmerpflanzen unter-zubringen oder sie zum Überwintern unterzustellen. Lachen Sie nicht. Das hat's alles schon gegeben. Auch sollten die volle(re)n Gottesdienste zu Weihnachten und Ostern nicht Maßgabe für die Anzahl der Bänke sein. Ich bewundere den Optimismus der Gläubigen Sonntag für Sonntag. Da wird von hinten angefangen, sich in die Reihen zu quetschen, um den unter Umständen womöglich noch kommenden Mitfeiern-den die besten Plätze in den ersten Reihen frei zu halten. Das passiert nur leider so gut wie nie. Warum nutzen wir nicht die ästhetischen Ausdrucksmöglichkeiten unserer Tage und holen damit das Beste aus unseren Räumen heraus? Manch-mal reicht es für den Anfang, zu entrümpeln. Aber LED und

Veranstaltungstechnik bieten unglaublich geniale Möglichkeiten, Räume zu interpretieren und Stimmung zu verbreiten, ein Gespür für das Heilige zu vermitteln. Es macht eben einen Unterschied, ob ich Neonröhren verwende oder dimmbare Lampen. Es macht einen emotionalen Unterschied, ob ein Gottesdienst bei Kerzenschein gefeiert wird oder mit Flutlicht. Ist das wesentlich? Nein, es hat auf den Inhalt keine Auswirkung. Aber es hat einen entscheidenden Einfluss auf das Erleben und damit auf die Wirkung der Feier. Es beeinflusst meine Fähigkeit, mich auf die Feier einzulassen. Es kann dem Ganzen einen Mehrwert verleihen.

Verstehen Sie mich nicht falsch: Das ist überhaupt nicht kreativ. War es früher der Weihrauch, ist es heute eben die Nebelmaschine. Die besitzt einen elementaren Vorteil. Der empfindliche Gottesdienstbesucher, der sonst beim bloßen Anblick des Weihrauchfasses in Atemnot und Hustenreiz gerät, ist mit diesen Gerätschaften, die sich deutlich besser verbergen lassen, noch nicht so vertraut. Der quälende und Fluchtattacken auslösende Husten bleibt aus. Das trotz einer größeren Nebeldichte als im weihnachtlichen oder österlichen Festgottesdienst. Wenn gewünscht, kann der Nebel noch mit Duftstoffen versetzt werden. Die Sorte Weihrauch steht natürlich ebenfalls zur Verfügung. Kann man sich tagsüber am Lichtspiel der bunt verglasten Kirchenfenster erfreuen, die farbige Flächen auf die Wände der Kirchenmauern werfen, so ist es in der Dunkelheit eben das Farbspiel der modernen LED-Leuchten. Deren Farbspiel lässt sich dabei deutlich besser kontrollieren und die Kirche in ihren atmosphärischen Möglichkeiten mehr zur Geltung bringen. Warum wir das tun? Weil wir Gott so gut wie möglich erfahrbar machen möchten und weil er es uns wert ist.

Fasziniert an Willow Creek hat mich übrigens auch das Spiel mit den Leinwänden: Videoanimationen und Filme. Mal abgesehen von meinem Faible fürs Kino, für gute Filme und Serien, bezogen sich meine Stärken auf das Konsumieren und weniger auf das Produzieren von solchem Material. Doch irgendwie musste ich mich da fit machen. YouTube sei Dank habe ich mir dann von Teenagern erklären lassen, wie ich mit Schnittprogrammen und Animationssoftware zurechtkomme, wie ich von der Blu-Ray zum gewünschten Filmclip gelange. Das hatte allerdings etwas Deprimierendes. Während ich immer wieder auf Pause klicken musste, um überhaupt Schritt zu halten bei den Tutorials, qualmte mir der Kopf. Mehr als einmal kam mir der Gedanke: »Lass den Mist bleiben. Das ist viel zu viel Arbeit.« Dann warf ich wieder einen Blick auf Willow Creek TV und andere freikirchliche Künstler, die bei vimeo unterwegs waren, und der Ehrgeiz wurde wieder geweckt. Inzwischen gehören Final Cut und Adobe After Effects fast zum täglichen Arbeitsmaterial. Der anfängliche Dilettantismus ist gewichen und für meine Bedürfnisse bin ich ein gutes Stück weitergekommen und um eine offizielle Adobe After Effects Schulungsurkunde reicher. Denn dafür reichte auch YouTube irgendwann nicht mehr. Obendrauf kamen noch etliche englischsprachige Bücher. Die überraschten mich mit der Tatsache, dass dort die Arbeit mit Filmen längst ein alter Hut war. Sieh da, die Jesuiten in Deutschland waren auch schon seit Jahren mit Filmexerzitien unterwegs. Eine ganze Bandbreite an Inspirationen tat sich auf.

Natürlich blieben die Anfragen nicht aus: Hollywoodfilme und Gottesdienst – geht das zusammen? Aber wieso nicht? Käme Jesus zur Verkündigung in unsere Zeit, wer weiß, ob er dann nicht auf Netflix oder Amazon eine eigene Serie laufen hätte? Denn der Gute hat auch keine theologischen Ansprachen gehalten, sondern vor allem in Bilderwelten erzählt. Er vermittelte seine Inhalte durch Gleichnisse, also letztlich in Worte gefasste Bildergeschichten. Er sprach von Outlaws, von Schätzen, von Helden und Versagern, Verbrechern und den Guten, von Selbstgerechten und reumütigen Tunichtguten. Diese Geschichten nutzte er, um den Menschen die Sache mit Gott, seinem Willen und seiner Vision des menschlichen Miteinanders zu verdeutlichen. Da fallen mir zig Serien und Blockbuster ein, die sich dafür heute verwenden lassen. Also auch das nichts Neues. Paulus selbst war der Erste, der diesen Schritt auf dem Areopag tat und damit Erfolg hatte: »Athener! Mir ist aufgefallen, dass ihr euren Göttern mit großer Hingabe dient; denn als ich durch eure Stadt ging und mir eure Heiligtümer ansah, da habe ich sogar einen Altar gefunden, auf dem stand: ›Für einen unbekannten Gott.‹ Diesen Gott, den ihr verehrt, ohne ihn zu kennen, möchte ich euch nun bekannt machen. Es ist der Gott, der die Welt und alles, was in ihr ist, geschaffen hat.« (Apg 17,22–24) Wenn sich doch in den Filmen und Serien eine Sehnsucht der Menschen äußert, wieso ihr kein Ziel anbieten? Paul Verhoeven hat einmal so schön gesagt, die Filmindustrie produziere nur die Kekse, die auch wirklich gegessen werden. Wenn also die Hollywood-Filme religiöses Potenzial aufweisen, dann wäre es eine vertane Chance, sich nicht zu nutzen.

Ob die Filme wirklich zum Ausdruck bringen wollen, was ich ihnen unterstelle? Nun, die Frage ist für mich nicht relevant. Da zitiere ich gerne die Filmschaffenden selbst, wie zum Beispiel Clint Eastwood: »Wenn du einen Film beendet hast, gehört er dir nicht mehr – er gehört dem Publikum, das ihn auslegen kann, wie es ihn auslegen möchte.« Bitte schön. Als religiöser Fachidiot kann ich diese Brille ohnehin nie ganz absetzen. Von daher muss man sich daran gewöhnen, dass ich im Kino während eines Films ganz gerne Zettel und Stift zücke, um mir eine Szene zu notieren, die ich hervorragend geeignet finde für ein religiöses Thema. Das Kino hat eine faszinierende Liturgie, die mich begeistert und Menschen in ihren Bann zieht. Wie eine Kirche ist es ein Ort, der sich abhebt und uns in eine besondere Stimmung versetzen will. Das Licht nimmt langsam ab, der Vorhang öffnet sich, die Filmlogos unterlegt mit episch imposanter Musik stimmen ein auf die neue Lebensrealität, mit der wir gleich begeistert werden sollen. Es funktioniert.

Was die Musik angeht, habe ich ein deutliches Handicap: Ich kann nicht singen. Vielleicht mag ich es auch einfach nur nicht. So ganz habe ich das noch nicht raus. Jedenfalls singe ich nicht. Es gibt in Gottesdiensten keinen Ruf, kein Lied, das ich anstimme. Ich brumme im Hintergrund mit, aber auch nur so lange, wie das Mikrofon außer Reichweite ist und mir garantiert, dass nichts bei den Gläubigen ankommt. Das ist auch so ein Punkt, an den ich nochmals ran muss. Spätestens in diesen Momenten kommen basisdemokratische Grundzüge zum Tragen. In Werktagsgottesdiensten ohne Organisten kann ich die Lieder nur vorschlagen, bin aber jederzeit für eine Alternative zu haben, solange ich sie nicht anstimmen muss. Bisher hat das glücklicherweise gut funktioniert. Allerdings bin ich in jedem Gottesdienst, in dem musikalisch etwas passieren soll, auf Instrumentalisten und Sänger angewiesen. Glücklicherweise hat sich im Verlauf meiner Arbeit vieles gefügt, für das ich heute noch so manches Mal im Stillen ein »Danke« raushaue. Über jemanden, der jemanden kennt und so weiter, kamen die ersten Bands und Musiker in den Gottesdienst. Das waren und sind keine Musiker, die Profis für religiöse Musik sind. Ihr Talent nun für die klassischen Gottesdienstlieder zu verwenden und das ein oder andere Senfkorn Hoffnung einzustreuen, wäre pure Verschwendung gewesen. Also das Filmprinzip erneut angewendet. Wenn in der Musik christliche Themen zur Sprache kommen, bewusst oder unbewusst, dann her mit diesen Songs! Da sind der Verwendungsweise und dem Stil auch keine Grenzen gesetzt. So hatten wir einmal die Idee, Songs aus dem Musical Tanz der Vampire zu nehmen und sie mit der christlichen Alternative zu konfrontieren. Wie das? Zunächst einmal indem sich ein Chor auf diese Idee einließ, entsprechende Konzertmusiker organisiert wurden und ein enthusiastischer Musicalsänger sich auf diese andere »Bühne« einließ. Seit diesem Projekt ist er fester Bestandteil des Teams, erst an meiner vorherigen Stelle in Emmerich und jetzt in Geldern.

In dem Musical singt beispielsweise der Vampir Graf von Krolock »(...)Wie immer, wenn ich nach dem Leben griff, blieb nichts in meiner Hand. (...) Ich will hoch und höher steigen, und sinke immer tiefer ins Nichts. Ich (...) bin doch nichts als eine Kreatur, die immer das will, was sie nicht kriegt. (...) Doch alle Hoffnung ist vergebens: Denn der Hunger hört nie auf. (...) Doch die wahre Macht, die uns regiert, ist die schändliche, unendliche, zerstörende und ewig unstillbare Gier. Euch Sterblichen von morgen prophezei ich heut und hier: Bevor noch das nächste Jahrtausend beginnt, ist der einzige Gott, dem jeder dient, die unstillbare Gier.« Ganz ehrlich, es lohnt sich, einen Blick bei YouTube zu riskieren und sich dieses hochemotionale Stück einmal anzuschauen und anzuhören. Es gibt einen Hunger nach Leben, der dauerhaft unbefriedigt bleibt. Genug ist eben nie wirklich genug. Es geht immer noch ein bisschen mehr, ein bisschen besser. Wenn ich aber keine Perspektive über den Sumpf des Alltags hinaus habe, was dann? Ich muss ganz Vampir-like das Leben und die Menschen aussaugen. Ich kann nur versuchen, dieses Leben auszupressen, um das Maximum zu bekommen. Doch das wird nie reichen. Ich werde immer mit einem Hungergefühl zurückgelassen. Diese unstillbare Sehnsucht macht uns zu Hassenden oder Liebenden, zu Gutmenschen oder Terroristen.

Ernesto Cardenal hat dieses Phänomen einmal so auf den Punkt gebracht: »In den Augen aller steht eine unstillbare Sehnsucht.« Welchen Sinn aber hat eine Sehnsucht, die nie erfüllt werden kann? Für den Glaubenden kann die Antwort nur folgende sein: »In das Herz des Menschen hat er den Wunsch gelegt, nach dem zu fragen, was ewig ist.« (Koh 3,11) Das ist die einzige logische Konsequenz. Wer dazu bestimmt ist, mit der Ewigkeit zu planen, der kann seine Sehnsucht nicht in den siebzig oder achtzig Jahren dieses Lebens gestillt bekommen. Wer für die Ewigkeit gemacht ist, kann sich nicht mit dem Vergänglichen allein zufriedengeben. Wer das nicht akzeptieren kann oder will, der muss folgerichtig in den Chor der Vampire einstimmen und singen: »Ewigkeit ist Langeweile auf Dauer. Ein trostloser Kreislauf, kein Anfang, kein Schluss. Denn stets wiederholt sich dasselbe von vorne. Kein Jubel, kein Entsetzen, nur die öde, blöde Ewigkeit. Von Tortur keine Spur. Immer nur diese beschiss'ne Ewigkeit.« So können nur die singen, die sich mit den Realitäten dieses Lebens begnügen wollen. Christen aber können keine Vampire sein.

Ein anderes Beispiel: Mit Rammstein beispielsweise lässt sich wunderbar der Sinn der Eucharistie erklären. Unser deutscher Sprichwortschatz wusste schon immer, dass die Liebe durch den Magen geht und man jemanden zum Fressen gernhaben kann. In der Eucharistiefeier wird das erfahrbar. Ich darf Gott zum Fressen gernhaben. Ich kann ihn verschlingen. »Denn du bist, was du isst und du weißt, was es ist, es ist mein Teil!« Das wäre die Rammsteinsche Variante der an Augustinus angelehnten Formulierung: »Empfangt, was ihr seid – Leib Christi. Werdet, was ihr empfangt – Leib Christi.«

veni! Komm!

Vielleicht hat sich der ein oder andere vorher gedacht: Das klingt ja ganz nett – oder auch nicht nett, sondern nur bescheuert –, aber das funktioniert doch nur in Ami-Land. Kein Thema, die Konzepte haben auch ihre Schwächen. Aber sie funktionieren. Hier in Deutschland, bei uns. Ich habe das erfahren.

An meiner ersten Stelle in Emmerich traf ich auf den glücklichen Umstand, dass es ein Jugendkirchenprojekt gab: veni! Dieses veni! musste generalüberholt werden. Wir konnten also einfach mal etwas wagen und riskieren. Heute kann ich ein schönes Konzept und tolle Erklärungen liefern, wenn ich gefragt werde, was hinter dem Projekt steht. Am Beginn stand aber schlichtweg der bloße Versuch, die Idee, es muss doch anders und alltagstauglicher gehen mit dem Glauben und unserer Eucharistiefeier. Wir haben es wirklich einfach nur versucht. Davon haben sich Leute anstecken lassen, Menschen fanden den Ansatz ansprechend und so nahm alles seinen Lauf. Was holprig war, wurde überdacht, was nicht funktionierte, weggelassen. Die Arbeit mit der Software lief flüssiger und das Konzept gewann an Form. Mit der Zeit mussten wir auf die Pfarrkirche ausweichen, weil die bisherige an die Grenzen ihrer Kapazität kam angesichts der Zahl der Mitfeiernden.

Ziemlich schnell zeigte sich, dass Film ein generationsübergreifendes Medium ist, das Jugendliche und Erwachsene gleichermaßen begeistert. Damit war klar, der Titel Jugendkirche wird gestrichen. Vielmehr profitierten die Altersgruppen voneinander und ich habe nie den Eindruck gewonnen, dass die Jugendlichen eine eigene Spielwiese brauchten. Außerdem war das Zahlenverhältnis zu eindeutig: ein Drittel Jugendliche und zwei Drittel Erwachsene und Senioren. veni! bekam einen Untertitel: grow up and leave behind. Ausformuliert: Komm, mach deine Erfahrungen, nimm etwas mit, lerne dein Leben kennen und erlebe, wie der Glaube dir helfen kann, deinen Alltag in die Hand zu nehmen und zu gestalten! Dann geh wieder, pack deine Vorstellungen an und lebe!

Das Wachstum brachte allerdings neue Herausforderungen mit sich. Eine kleine Kirche, mit Sisal ausgelegt und ohne Säulen, war mit relativ wenig Aufwand zu beherrschen. Die neuen Dimensionen verlangten mehr Professionalität, wenn das Ganze nicht zu einer dilettantischen und unansehnlichen Feier verkommen sollte. Für das Licht wurde eine digitale Steuerung organisiert, mit der es möglich war, den Raum in 3D nachzubauen, die Leuchten zu positionieren und entsprechend der Filmsequenzen sekundengenaue Lichtverläufe zu programmieren. Ich war begeistert – und raus. Das überstieg eindeutig mein Potenzial und meine Kapazitäten. So lernt man auch als Kontrollfreak und elendiger Perfektionist das Abgeben und Vertrauen.

Auch die Akustik war eine eigene Hausnummer in dieser großen, halligen Kirche. Durch Zufall hatten wir bei einem unserer Gottesdienste in anderen Gemeinden einen professionellen Akustiker kennengelernt. Er rauschte uns die Kirche ein und sorgte dafür, dass die Dialoge der Filmsequenzen bis in die letzte Reihe zu verstehen waren.

Das Team wuchs. Alles Amateure, Leute, die sich die Dinge selbst anlernen und beibringen mussten. Keiner aus dem Team machte irgendetwas von dem, was gefordert war, beruflich oder professionell. Aber alle waren super motiviert und vor allem: Wir spürten bald, es war diesen Aufwand wert. Dabei war immer klar: Alles, was an Technischem und Filmischen Verwendung findet, hat nur einen einzigen Zweck: Es soll die Botschaft besser zum Tragen bringen. Sie ist kein Selbstzweck. Sie hat ihre Bedeutung und Berechtigung nur, weil sie helfen soll, die Menschen in die Feier und die Beziehung zu Gott zu führen.

Es kam zu Begegnungen, die auf Dauer im Gedächtnis bleiben. Da wird jemand von seinen Eltern mit einem Essen in den Gottesdienst geködert und mit dem Ganzen, was wir so feiern, kann er nichts anfangen. Der kommt allerdings nach dem Gottesdienst auf mich zu und beschimpft mich als Erstes, wie bescheuert ich doch sei. Ich war zu platt und irritiert, um reagieren zu können. Als Fortführung folgte die Ansage, er will bei uns mitmachen, irgendwie könne er nicht anders. Und seit diesem Tag kümmert sich Christian um die Akustik.

Darf ich Sie kurz einmal mitnehmen in so einen Gottesdienst? Ich mache es einfach mal: Der Gottesdienst beginnt, die LED-Beleuchtung fährt runter, das Logo des Projektes erscheint, unterlegt von theatralischer Musik. Passend dazu beginnt das Licht von Neuem, den Raum in Szene zu setzen. Der Gottesdienst besteht aus einer Filmdatei, die entsprechend pausiert wird und die wir übrigens im Anschluss anderen Gemeinden gerne zur Verfügung stellen. Wie im Kinoprogramm beginnt die Feier mit einem Opener, der filmisch das Thema einleitet. Während des Wortgottesdienstteiles werden drei Bibeltexte in Zusammenhang mit Filmausschnitten oder selbst gedrehten Interviews gebracht. Nach jeder Filmsequenz und jedem Bibelabschnitt folgt eine Predigt. Spätestens die Fürbittaktion bringt alle in Bewegung hin zum Altar. Damit soll deutlich werden, dass wir unser Leben zu Gott bringen. Letztlich geht es nämlich nicht allein um die Wandlung von Brot und Wein, sondern darum, dass wir als verwandelte und veränderte Menschen die Kirche wieder verlassen. Bei der Eucharistie wiederum nehmen wir uns zurück und stellen das Mahl und Jesus selbst ganz in den Vordergrund.

Dieses Projekt hat viele Menschen angesprochen und wir konnten alle zwei Monate immer wieder mit einer sehr großen Gemeinde feiern. Ich glaube, dass in den drei Jahren, die dieses Projekt in Emmerich lief, am Ende keiner kam, weil bunte Lichter und Nebel eingesetzt wurden. Es ist und bleibt schließlich ein Gottesdienst. Die Techniken beherrschen andere weitaus professioneller als wir Autodidakten. Gemeinschaft mit Gott, das haben wir mit allen erleben dürfen, die da waren.

Für den Niederrhein war das wohl kein Alltagsbild und hat deswegen etliches an Medienaufmerksamkeit nach sich gezogen, wodurch eben der Titel »Pop-Kaplan« entstand, den man mir anhängte.

Kritik blieb und bleibt natürlich nicht aus. Wer neue Wege geht, stellt Bisheriges infrage: Muss das so – oder geht das nicht auch ganz anders? Das konfrontiert jeden persönlich mit der Frage, was ihm heilig ist und welche Ausdrucksformen ihm wichtig sind. Das finde ich auch vollkommen okay. Der Vorteil am Katholischen ist, dass wir eine ganze Bandbreite an Feierkultur zu bieten haben, die nebeneinander existieren. Schwierig wird es immer dann, wenn eine verabsolutiert und alle anderen damit beseitigt werden sollen. Das ist ja ein Problem bei konservativeren Kreisen. Da vermisse ich oft eine Weite und Aufgeschlossenheit. Nur allzu oft wird einem da die schlechteste aller möglichen Absichten unterstellt.

Ein Beispiel dafür möchte ich einfach mal bringen. Nachzulesen ist das Ganze bei gloria.tv, einem eigenwilligen katholischen Portal. Dort wurde ein Schreiben von Paul Spätling veröffentlicht. Er ist Priester des Bistums Münster und erhielt nach seinem Redeauftritt bei PEGIDA ein Predigtverbot. Anschließend wandte er sich mit einem Schreiben an meinen Bischof und kam dabei auch auf das Emmericher veni! und das aktuelle Projekt v_the experience zu sprechen. Er schrieb:

»Da ist es einfacher, etwa in der Emmericher Kirche und hernach in Geldern (...) und anderen Orten an heiliger Stätte Radau zu machen und Jesus im hl. Meßopfer zu verspotten. (Vgl. ›Olding zieht Massen in die Kirche‹, Rheinische Post vom 9. Dezember 2014, Teil Kleve/Geldern.) Die unsäglichen ›Veni-Messen‹, die Sie untersagt haben, laufen unter anderem Namen ›v. – the experience‹ weiter. Unter diesem Deckmantel werden Sie von diesen beiden Priestern zum Narren gehalten: Jeder weiß doch, daß v. nur das Kürzel von ›Veni‹ ist und diese ›Veni-Messen‹ eben weiterlaufen. (...) An heiliger Stätte. Nicht mal die Protestanten machen das. Und diese haben kein allerheiligstes Altarssakrament. Ja, ich trete für die Ehrfurcht im hl. Meßopfer ein.«

Im entscheidenden Punkt stimmen Kaplan Spätling und ich überein: Ehrfurcht vor der Eucharistie. Es ist das Heiligste, was wir haben, und gerade deswegen ist es mir wichtig, die Menschen zu diesem Heiligsten wieder hinzuführen. Die Wege sehen bei Spätling und mir allerdings deutlich anders aus.

Leider hat meine Zeit als Kaplan in Emmerich ein vorschnelles Ende gefunden. Das hat diverse Gründe. Anders als Spätling behauptet, hat mein Bischof die Gottesdienste nicht verboten. Es gab Einiges mehr und das Projekt war nur eine Baustelle neben zig anderen in der Pfarrei. Für mich wurde es eine harte Zeit mit vielen bösen E-Mails, mit nächtlichen Anrufen und diversen Unterstellungen. Am Ende war ich am Ende. Zurück blieben viele Verletzungen, enttäuschte Menschen, zerschlagene Visionen und unaufgeräumte Verhältnisse. Ich blieb nicht. Ich ging. Es ging nicht anders.

Pippi Langstrumpf oder Hiob?

Als ich Emmerich verließ, fühlte ich mich vollkommen aufgegeben und verlassen. Alles, woran ich meine Energie und mein Herz gehängt hatte, entglitt mir und war wohl nichts anderes als ein großer Irrtum gewesen. Eine Illusion, die endlich mit einem lauten Knall geplatzt war.

Ich fühlte mich verdammt bedroht von der Situation. Natürlich kann man Arbeitsstellen wechseln, das müssen andere auch. Aber hier war doch über drei Jahre hinweg ein Projekt gewachsen, mit dem es gelungen war, Menschen in Beziehung mit Gott zu bringen. Das konnte doch nicht einfach so vorbei sein?! All die Arbeit, all die Menschen, all die Pläne für die Zukunft. Das war doch einfach nur scheiße. »Was soll das, Gott?«, haderte ich. »Wenn's dir nicht schmeckt oder es nicht das ist, was du willst: Wir können ja über alles reden. Aber doch nicht so!«

Dass mein Leben nun eine Wende nehmen würde, war das eine. Aber ich merkte deutlich, dass diese ganze Nummer meine Gottesbeziehung berührte. Mit einem Mal war ich mir bei unserer Beziehung gar nicht mehr so sicher und all das, worauf ich mich verlassen hatte, stand plötzlich infrage. Was hatte ich denn verkehrt gemacht? Was wollte mir Gott damit bitte zeigen? Gott, könntest du dich bitte mal ein bisschen bemerkbar machen, damit ich nicht ganz an dir zweifeln muss?

So stellte ich meinen Jesus in die Ecke. Das Bild des Schmerzensmannes, vor dem ich jeden Morgen meine Stille hielt, wurde mit dem Gesicht zur Wand gedreht. Es fühlte sich sogar dezent gut an. Eine schöne Illusion, zu glauben, ich hätte Macht über Gott. Ich könnte ihn für sein ungebührliches Verhalten in die Ecke stellen und sagen: »Schäm dich! Wenn du deinen Fehler eingesehen hast, dann darfst du wieder herkommen.« Aber mal ehrlich, da reißt man sich für diesen Gott, seine Botschaft und sein Reich den Hintern auf und dann wird das so quittiert. Das fand ich gar nicht gut.

Mir war klar: Dieser Zug war abgefahren. Zu gewinnen war hier gar nichts mehr. Ich litt. Ich fand die Situation scheiße, ich fand Gott unfair, mich selbst konnte ich auch nicht wirklich stehen sehen, und wohin es gehen sollte: Keine Ahnung! Für jemanden, der seine Bücher mit Genuss nach Farben sortiert und dezentes Unbehagen empfindet, wenn Besucher unbedarft Einrichtungsgegenstände nicht in der ausgerichteten Symmetrie zurückstellen, sind solch ungewisse Perspektiven ein Grauen.

Zwei Wochen hat es gebraucht, bis ich meinen Jesus wieder umdrehen konnte. Vollkommen irrwitzig, aber ich bin doch tatsächlich in dieser Zeit in die Kirche gegangen und habe da wie etliche Jahre zuvor mit dem Jesus am Kreuz ein, mein Hühnchen gerupft. Ich wusste zwar auch, dass ich in diesem Moment einen schlechten Hiob 2.0 abgab – dafür fehlte mir aber ohnehin das gänzlich unbescholtene und absolut reine Image – und trotzdem tat ich es. Warum ich nicht auch zu Hause gebetet habe? Ich glaube, es tat einfach gut, die Kirchentür hinter sich zu schließen und so zu tun, als lasse ich den Jesus allein zurück in diesem Gebäude, aus dem er nicht rauskonnte. Das ist wohl wie mit Kindern, die die Augen schließen und glauben, man könne sie nicht mehr sehen. Erwachsene lächeln darüber. Für die Kleinen ist das trotzdem Realität. Irgendwann jedoch kommt jede Trotzphase an ihr Ende. Jesus durfte aus seiner stillen Ecke und ich versuchte mit ihm, diesem Elend etwas abzugewinnen: Ich las von Neuem das Buch Hiob. Der Antrieb war mein Selbstmitleid, denn schließlich hatte sich die Welt ja gegen mich verschworen und behandelte mich vollkommen ungerecht. Wenn das nicht gleichzusetzen war mit den Erfahrungen Hiobs, dann weiß ich es auch nicht ... Tja, und schon nach den ersten Versen des Buches wurde mir klar, dann ich mal fix wieder auf den Teppich und den Boden der Tatsachen runterkommen musste. Aber erzählen Sie das mal Ihren Gefühlen ...

Ich litt also immer noch; zu erleben, dass diese Situation so absolut sinnlos war, machte mich rasend. Außerdem war da kein Handlungsspielraum mehr, nichts zu tun, nichts zu kämpfen – und vor allem nichts zu gewinnen: Begrenztheit an allen Ecken und Enden. Eine Situation nicht mehr kontrollieren können, sie nicht mehr im Griff haben, das ist für viele lebendig gewordener Albtraum. Wenn dir dann jemand noch sagt: »Ach komm, das wird schon wieder. Es gibt ja noch andere Gemeinden.« Da möchte man der Person einfach nur noch ins Gesicht springen. Nicht zu explodieren in solchen Situationen, war den Resten meiner guten Erziehung geschuldet. Es gibt natürlich auch Menschen, die ihre Stunde gekommen sehen, endlich mit einem abzurechnen. Da wedelt jemand stolz mit einer fünfseitigen Anzeige herum, die er gegen mich verfasst und nach Rom geschickt hat. »WOW«, denke ich mir. Wie viel Zeit das wohl gekostet hat. In einem Gespräch wurden mir dann detailgenau meine Vergehen ausgelegt, bis mich meine Erziehung wirklich verließ und ich wütend das Gespräch beendete. Was mich am Ende mehr aufgeregt hat, kann ich nicht sagen. Entweder, dass so oft die Begriffe unwürdig und unkatholisch verwendet wurden, oder, dass diese Person Priester werden wollte.

Jedenfalls bleibt viel Verständnis für einen Hiob zurück. Seine ehrenwerten Ratgeber habe das Leiden durch ihre brillanten Ratschläge nur noch vergrößert. Der hat deswegen zum Ende des Buches nur noch eine Bitte an die Freunde: »Ach, hört mir doch einmal zu! Damit würdet ihr mich trösten! Ertragt mich, wenn ich rede, und spottet hinterher weiter, wenn ihr wollt! Ich trage doch meine Klage nicht einem sterblichen Menschen vor, darum habe ich allen Grund, ungeduldig zu sein! Seht mich an! Lässt euch dieser Anblick kalt? Verschlägt es euch da nicht die Sprache? Ich bin bis ins Innerste aufgewühlt, ich zittere am ganzen Leib, wenn ich über dieser Frage grüble.« (Hiob 21,1–7) Das war das größte Geschenk dieser Zeit: Freunde, die da waren und mich und meine miese Laune einfach nur aushielten. Leider bewirken solche Situationen nämlich, dass aus dem eigenen Herzen nicht nur die besten Seiten hervorgekramt werden, sondern manches an die Oberfläche kommt, das ansonsten zurückgehalten werden kann: Selbstmitleid, Bitterkeit, Härte, Enge,

Egoismus – Leid führt eben auch manchmal dazu, dass man nur noch um sich selbst kreist. Aushalten und zur rechten Zeit ein ehrliches Wort an den Tag zu bringen – unbezahlbar.

Solche Lebensabschnitte bringen am Ende eine schmerzhafte Klärung hervor. Sie zeigen dir nur allzu deutlich, welche Beziehungen im Leben tragen und welche nicht. Wenn dein Freund spätabends um elf Frau und Kind sitzen lässt, um zig Kilometer zu dir zu fahren, damit dir in deiner Wohnung nicht die Decke auf den Kopf fällt, dann brauchst du in dieser Beziehung nichts mehr infrage zu stellen. Schmerz, Leid und die Narben, davon können Menschen Unmengen besitzen, ohne dass es den Neid anderer auf sich zieht. Aber das Leid ist nicht abzuschaffen. Es gibt kein Leben ohne Schmerz. Deswegen muss ich mich dieser Tatsache stellen und eine schlichte, aber entscheidende Frage beantworten: Akzeptiere ich, dass das so ist? Kann ich annehmen, dass Schmerz und Leid realer und unverzichtbarer Bestandteil des menschlichen Lebens sind?

Die Alternative wäre, Leiden für illegal zu erklären und alles daran zu setzen, es zu vermeiden und zu verbannen. Anders gesagt: Pippi Langstrumpf oder Hiob, das ist hier die Frage. Entweder mache ich mir die Welt, wie sie mir gefällt, und blende die unschönen Realitäten aus; oder aber ich sage Ja zur Wirklichkeit, wie sie ist – selbst wenn sie aktuell ziemlich mies sein sollte. Das bringt automatisch Leiden mit sich. Ein Ja zum Leben ist immer auch ein Ja zum Leiden. Wer also nicht leiden will, der muss letztlich der Realität eine Absage erteilen, sich zu einer einsamen Insel erklären oder in letzter Konsequenz das Leben einstellen. Es gehört zu dieser Welt, dass es Leiden gibt, sogar sinnloses Leiden. »Wir wissen ja, dass die gesamte Schöpfung jetzt noch leidet und stöhnt wie eine Frau in den Geburtswehen. Aber auch wir selbst, denen Gott bereits jetzt seinen Geist als Anfang des neuen Lebens gegeben hat, seufzen in unserem Innern. Denn wir warten voller Sehnsucht darauf, dass Gott uns als seine Kinder zu sich nimmt und auch unseren Körper von aller Vergänglichkeit befreit. Darauf können wir zunächst nur hoffen und warten. Hoffen aber bedeutet: noch nicht haben. Denn was einer schon hat und sieht, darauf braucht er nicht mehr zu hoffen. Hoffen wir aber auf etwas, das wir noch nicht sehen können, dann warten wir zuversichtlich darauf, dass es sich erfüllt. Dabei hilft uns der Geist Gottes in all unseren Schwächen und Nöten.« (Röm 8,22ff.)

Dass im Leiden Sinnlosigkeit liegt, gehört zum Bestand dieser Welt. Es wird immer wieder Erfahrungen in meinem Leben und immer wieder Bilder im Fernsehen und der Zeitung geben, die mich tief erschüttern und für die ich keine Erklärung habe. Ich kann sie nicht beschönigen oder durch fromme Sprüche auffangen. Ich kann sie nur ertragen. Ich kann mich nur um eine Art und Weise bemühen, sie auszuhalten.

In meinem Selbstmitleid habe ich mich von Gott verraten und verkauft gefühlt. Ich habe mir doch so viel Mühe gegeben, da hätte er doch mal für ein paar Probleme weniger sorgen können. Diese Gedanken entspringen leider dem überzüchteten Teil meines Egos. Nicht nur, dass in der Bibel Gott nirgendwo verspricht: »Christian, ich sorge dafür, dass du keine Probleme hast.« Nein, ich missbrauche Gott auch noch.

Diese Einsicht hat mich zuletzt am meisten geschmerzt. Gott ist eben keine Versicherung gegen Leid und Schmerz, die ich mit täglichen Gebeten, milden Taten und Gottesdiensten abbezahlen kann. Damit würde ich ihn zu einem meiner Bausparverträge machen, in die ich nur ordentlich einzahlen muss, bis irgendwie der Bonus rausspringt. Damit reduziere ich Gott auf das, was er mir bringt, was er mir nützt.

Das würde ich mit keinem meiner Freunde so machen. Und ich hoffe und bin mir sicher, die würden es auch nicht lange mit sich machen lassen. Das wäre nämlich keine Beziehung, das ist Ausnutzen. Mit jemandem eine Beziehung zu haben, jemanden zu lieben, heißt aber gerade, keine Bedingung an ihn zu stellen. Ansonsten geht es mir eben nicht um die Person, sondern nur um ihren Gebrauchswert für mich.

Obwohl ich das jedem Brautpaar in der Vorbereitung auf ihre Hochzeit klarmachen muss und mir auch noch unterschreiben lasse, habe ich diesen Fakt in meiner Beziehung zu Gott mal eben über Bord geworfen. Ganz schön peinlich. Warum muss dieses doofe Leben auch immer wieder dazwischenkommen und die Dinge so kompliziert machen? Die theologischen Konstrukte sind immer so viel simpler.

Auf dem Papier sieht das so einfach aus: Gott ist die Liebe. Nur in Krisenzeiten, da wird das ziemlich kompliziert. Wenn ich Gott wirklich lieben, mit ihm leben und ihm vertrauen will, dann darf es dafür keine Bedingungen geben. Das sollte er mir wert sein. Diese Erkenntnis fand ich wenig prickelnd, weil sie am Ende viel über mich offenbarte, und, wie ich fand, waren es keine allzu vorzeigbaren Schönheiten. Mein Ego hatte gewaltig gelitten und fühlte sich zutiefst gedemütigt.

Heute kann ich sagen: Gut so. Im Römerbrief heißt es: »Leid macht geduldig, Geduld aber vertieft und festigt unseren Glauben, und das wiederum stärkt unsere Hoffnung. Diese Hoffnung aber geht nicht ins Leere.« (Röm 5,3ff.) Diesen Satz würde ich heute unterschreiben. Hätte ihn mir allerdings damals jemand um die Ohren gehauen, hätte ich ihn als Phrasendrescher beschimpft.

Überhaupt: Ich bin der festen Überzeugung, wer schwere Phasen überstanden hat, für seine Überzeugungen einstecken musste, der knickt beim nächsten Mal weniger schnell ein, der wird widerstandsfähiger. Allerdings kann man sich diese Lektion nicht anlesen und theoretisch beherrschen. Die lässt sich nur von jedem selbst erleiden und erarbeiten. Das braucht seine Zeit und da bringt es auch nichts, sich selbst vorschnell einzureden, dass schon wieder alles passt und gut ist. Es gibt diese blöden Sprichwörter »Indianer kennt keinen Schmerz« oder »Männer weinen nicht.« Das sind nur faule Ausreden, den Schmerz ignorieren zu dürfen und nicht an sich arbeiten lassen zu müssen. Jede leidvolle Erfahrung prägt uns, verändert uns und arbeitet an dem, wer wir sind. Es gibt nach echten Krisen im Leben kein Zurück. Ich kann nicht wieder der sein, der ich einmal war, bevor das alles passiert ist. Ich bin ein anderer. Und so, ja sogar, weil diese Krise mich verändert hat, ist auch meine Beziehung zu Gott eine andere geworden. Wie Hiob hatte ich mir die ordentlich zu erkämpfen. So einige Einsichten musste ich mir neu zu Herzen gehen lassen. Hiob hat etliche Antworten auf die Frage, wer Gott eigentlich sei, nicht gelten lassen. Er hat sie nicht akzeptieren können, weil ihm solch ein Gott unerträglich gewesen wäre. Er kann sich nicht mit einem Rachegott anfreunden, der kleinlich die Sünden der Menschen summiert, um sich dann an ihnen zu vergehen und es ihnen heimzuzahlen. Dagegen spricht für ihn allein schon die Tatsache, dass zu viele böse Menschen zu viele schöne Tage auf dieser Erde genießen dürfen. Die perverse Vorstellung, dass Gott Leid als pädagogisches Mittel zur Erziehung des Menschen verwendet, schießt er ebenfalls in den Wind. Als sich schließlich Gott in den Naturgewalten vor Hiob offenbart, verstummt er vor der Größe Gottes, weil er dieser nichts entgegenzusetzen hat. »Herr, ich bin zu gering, ich kann dir nichts erwidern; darum lege ich jetzt die Hand auf den Mund. Mehr als einmal habe ich geredet – aber ich will es nicht wieder tun; ich habe schon zu viel gesagt!« (Hiob 40,4–5) Aber ist das des Rätsels Lösung? Ich verstumme vor Gott und willige am Ende schlicht in seine Überlegenheit ein?

Seit dem Studium begleitet mich ein Gedanke von Dorothee Sölle, den ich mir mit zwei Stichpunkten in meine Bibel geschrieben hatte und der mir nun wieder neu in die Hände fiel. Er stand neben folgenden Zeilen: »Ach, würden doch meine Worte in einer Inschrift festgehalten, in Stein gemeißelt und mit Blei noch ausgegossen, lesbar für alle Zeiten! Doch eines weiß ich: Mein Erlöser lebt; auf dieser todgeweihten Erde spricht er das letzte Wort! Auch wenn meine Haut in Fetzen an mir hängt und mein Leib zerfressen ist, werde ich doch Gott sehen! Ja, ihn werde ich anschauen; mit eigenen Augen werde ich ihn sehen, aber nicht als Fremden. Danach sehne ich mich von ganzem Herzen!« (Hiob 19,23ff.) Daneben hatte ich geschrieben: Das ist der Gott des Mose und der Gott Jesu Christi.

Das ist der Gott, an den Hiob sich klammert. Nach diesem Gott sehnt er sich von ganzem Herzen und an dem will er festhalten. Es ist der Gott, der an der Seite des Gequälten, Verachteten, Ausgestoßenen steht. Es ist der Gott, der dem Mose versprochen hat: »Ich habe gesehen, wie schlecht es meinem Volk in Ägypten geht, und ich habe auch gehört, wie sie über ihre Unterdrückung klagen. Ich weiß genau, was sie dort erleiden müssen. Nun bin ich herabgekommen, um sie aus der Gewalt der Ägypter zu retten. Ich will sie aus diesem Land herausführen und in ein gutes, großes Land bringen (...) Ja, ich habe die Hilfeschreie der Israeliten gehört; ich habe gesehen, wie die Ägypter sie quälen.« (Ex 3,7ff.)

Gottes Ziel ist es, den Menschen aus dieser bedrückenden Situation zu befreien. Der Mensch soll wissen, dass Gott sein Leid wahrnimmt. Es ist ihm nicht egal, es berührt und trifft ihn. Das größte Zeichen dieser Solidarität mit all den im Leben unter die Räder Gekommenen ist und bleibt das Kreuz. Denn jeder, der heute daran hängt, soll wissen, dass er ebenso wie Jesus Gottes geliebtes Kind ist. Das ist kein Zynismus, sondern Hoffnung. Da diese Einsicht von jemandem stammt, der selbst am Kreuz der Bosheit und Unmenschlichkeit geendet ist, nämlich Bonhoeffer, kommt damit eine Wahrheit zum Ausdruck und keine bloße Theorie. Gott hängt am Kreuz und wird damit zu meinem Verbündeten im Schmerz. Gott ist nicht der Macher oder Verhinderer von Leid. Schmerz und Leid sind Tyrannen. Gott hat nichts mit ihnen zu tun. Er ist mein Beistand in diesen Situationen.

Das Leiden von Karfreitag setzt sich tagtäglich fort. Das Kreuz Jesu wird jeden Tag irgendwo auf dieser Welt wiederholt. Das Leiden Jesu ist nichts Einmaliges. So wie er, so wie Hiob, schreien Tag für Tag Tausende Menschen nach Gott und gegen ihre Unterdrücker. Und Gott ist da. Er hält es mit uns aus, so wie er es am Kreuz bis in den Tod ausgehalten hat. Gott ist da im Stöhnen und Schreien der Ausgeschlachteten und im Verstummen derer, die keinen Ton mehr herausbringen. Gott ist da bei denen, die durch alltägliche Bosheiten verunsichert und fertiggemacht werden. In all die Höllen, die wir uns gerne mal bereiten, geht Gott hinein. Jesus hängt am Kreuz und wird verhöhnt: »Rette dich doch selbst! Komm vom Kreuz herunter, wenn du wirklich der Sohn Gottes bist!« (Mt 27,40) Nein, das macht er nicht. Er weicht dem Bösen nicht aus. Er geht nicht dran vorbei, sondern mitten hinein und hindurch.

In meiner Situation – und in allen schwierigen Situationen sonst in meinem Leben, ist das eine Durchhalteparole. Es lohnt sich auszuhalten und zu hoffen: So wie Hiob nicht loslassen wollte von einem Gott, der rettet, so wie Bonhoeffer auf Gott im Leid vertraute und so wie Jesus trotz aller Verlassenheit und Schmerzen nach Gott schrie. Gott im Leid, Gott im Tod, das ist das Unerhörte und Unverschämte unseres Glaubens.

Schwierige Phasen bringen eben auch das mit sich. Es wird nötig, sich neu darüber klar zu werden, wer Gott eigentlich für mich (geworden) ist. So wie Mose sich von Gott sagen lassen musste, wer er ist, so muss ich auch hin und wieder mal die Frage an Gott richten: Wer bist du? Was willst du?

Am Ende bleiben Narben zurück, die an eine einschneidende Zeit erinnern. Aber diese Narben haben ihren Wert. Denn woran wird doch gleich der Auferstandene erkannt?

Richtig, an den Narben, die von den Nägeln und der Lanze zurückbleiben. Diese Wunden sind, wie vorher gesagt, Zeichen der Liebe Christi. Sie sind nach der Auferstehung nicht einfach verschwunden, so als wäre nie etwas gewesen. Sie bleiben. Sie überzeugen: »Dann zeigte er ihnen die Wunden in seinen Händen und an seiner Seite. Als die Jünger ihren Herrn sahen, freuten sie sich sehr.« (Joh 20,20) Keine Predigt, kein ausgeklügelter Vortrag kann das. Es braucht Mut, seine Narben, seine manchmal auch wieder aufbrechenden Wunden anzubieten und den Menschen damit eine Geschichte zu zeigen, die nicht im Schmerz stecken geblieben ist. »Leg deinen Finger auf meine durchbohrten Hände und sieh sie dir an! Gib mir deine Hand und leg sie in die Wunde an meiner Seite! Zweifle nicht länger, sondern glaube.« (Joh 20,27)

Ich hatten meine Narben erhalten. Und stand nun da mit meiner generalüberholten Gottesbeziehung und ich kann nicht sagen, dass mir das richtig gefallen hat. Aber ich merkte, dass das der Weg war, den ich zu gehen hatte. Ich konnte Gott nicht allen Ernstes mehr bitten: »Komm, mach mir's doch ein bisschen einfacher und gemütlicher.« Das war mir inzwischen klar. Dennoch wäre mir das einfacher gefallen als zu sagen: »O.k., ich lasse nun alles hinter mir und mache mich auf den Weg.«

Tja, nur wusste ich nicht so recht, wo dieser Weg denn hinführen sollte. Immerhin war das meine erste Einsatzgemeinde als Priester. Ich fragte mich: »Wie symptomatisch war das Erlebnis für die übrige katholisch-kirchliche Landschaft?« Nicht, dass Sie mich falsch verstehen: Mein Priestersein stand zu keinem Zeitpunkt infrage. Dafür war ich viel zu überzeugt. Aber ich fragte mich, ob dieser Weg in der Pastoral in der katholischen Kirche im Bistum Münster wirklich mein Weg war. Ich erinnerte mich an Willow Creek. Ich durchforstete das Internet nach Freikirchen und fand in der Schweiz faszinierende Projekte und Wege. Ich setzte mich an meinen Computer, ging meine Projekte durch, stellte Fernsehberichte und Zeitungsartikel zusammen, um mich auf Stellen eines Predigers und Projektmanagers zu bewerben. Die Stellenbeschreibung umfasste letztlich genau das, was ich im Emmericher Projekt gemacht hatte. Wunderbar! Sachen zusammengepackt und ab die Post – elektronisch natürlich. Man kann's ja mal probieren. Das befriedigende Gefühl der Zufriedenheit ließ allerdings vergeblich auf sich warten, trotz der positiven Rückmeldung. Das ist letztlich aber auch kein Wunder. Die katholische Kirche hat eben einen unübertroffenen Vorteil auf ihrer Seite. Der wird mir jedes Mal bewusst, wenn ich Eucharistie feiere.

Auch wenn wir für meinen Geschmack allzu oft kirchlichen Dilettantismus an den Tag legen: Letzten Endes liegt es eben nicht an unserem Tun und Machen. Das kommt immer wieder in unseren Sakramenten zum Ausdruck. Die entziehen sich meinem Beherrschen und meiner Exzellenz. Die hängen nicht an meinem Können und meinem Tun. In ihnen handelt allein Gott und nicht ich! Deswegen habe ich mich auch nie bei den Projektgottesdiensten auf alleinige Wortfeiern eingelassen. Das ist zu wenig. Da fehlt eben der Punkt, wo das Team, wo ich zurücktrete, wo es nicht mehr um meine Worte und mein Tun geht, sondern wo Gott selbst sich in die Mitte stellt und sich in die Hände der Menschen legt, damit sie ihn zum Fressen gernhaben dürfen. Dieser Punkt, der so bedeutsam für mein Leben und für das Selbstverständnis meines Tuns ist, der würde mir bei einer Freikirche fehlen. So sehr ich von ihrer Weise, den Glauben zu leben, fasziniert bin und gerne von ihren Ideen und ihrem Können profitiere.

Das schönste Erlebnis war es daher für mich auch, auf einer deutschen Willow Creek-Veranstaltung eingeladen zu sein. Als Quotenkatholik durfte ich über das Predigen sprechen und die Bedeutung, die Liturgie für uns hat. Die Teilnehmer waren Leiter von Kirchen und es war so inspirierend, diese Runde zu erleben. Nach wie vor bleibt es für mich eine beeindruckende Stärke, wie selbstverständlich und existenziell hier über den Glauben gesprochen wird. Keine Frage, genauso wie in unseren Kreisen gibt es auch dort typische Phrasen und Floskeln. Aber Bekehrung und Hinwendung zu Gott erlebe ich deutlich tiefer verankert und ernster genommen als in klassisch katholischen Kreisen. Das ist gar nicht als Vorwurf zu verstehen, sondern lediglich als Beobachtung, die mich nachdenklich macht und mich immer wieder die Nähe zu Freikirchen suchen lässt.

Klar wurde mir aber eben auch: Nein, ohne deine katholische Kirche geht es für dich nicht. Wenn im Seminar Leute aufhörten, haben wir manchmal gefrotzelt, die Ratten verließen das sinkende Schiff und nur wir hätten den Ausgang noch nicht gefunden. Jetzt hätte ich gehen können, aber ich wollte nicht. Denn ich war und bin mir sicher, da geht noch was. Außerdem wäre es unjesuanisch, den Schwierigkeiten auszuweichen und den Weg des vermeintlich geringeren Widerstandes zu wählen.

Ich blieb, auch wenn ich gar nicht wusste, was das bedeuten würde.

So wie sich die Dinge vor Ort entwickelt hatten, war ein Wechsel der Stelle unvermeidbar. Also hieß es Koffer packen und umziehen. Das mag ich genauso gern wie Motorsport und tridentinische Messe, nämlich gar nicht.

Mir wurde meine neue Stelle mitgeteilt: St. Maria Magdalena Geldern. Auf die Frage, ob das für mich in Ordnung wäre, wusste ich leider keine Antwort. Ich musste erst einmal googeln, wo dieser Ort denn liegt: den Niederrhein ein gutes Stück hinab. Das war auch alles, was ich über die neue Stelle wusste. Ansonsten sagten mir der Ort und die Gemeinde gar nichts. Auch das Internet verriet mir nicht allzu viel. Ich dachte mir nur: »Die Armen. Jetzt bekommen die so einen Skandalkaplan geliefert. Na, die werden sich auch bedanken.« Also fuhr ich mit ziemlich flattrigem Herzen zur neuen Stelle. Heute weiß ich, dass das Team in Geldern ähnlich dachte. Nämlich: Der Arme, lass den erst mal hier in Ruhe ankommen.

So zog ich in meine neue Bleibe und hatte keine Ahnung, was mich erwarten würde. Ich war aber auch noch zu sehr in meinen Befürchtungen und Ängsten gefangen, als dass ich große Erwartungen und Pläne für meinen Neuanfang gehabt hätte.

Nach drei Jahren kann ich sagen: Es wurde verdammt gut.

Der Tod ist maigrün

Das Telefon klingelt. Der Bestatter informiert und die Pfarrsekretärin notiert. Das Ergebnis ist ein Zettel mit den wichtigsten Informationen, wer verstorben ist, wann gestorben und geboren wurde, wo und zu welchem Zeitpunkt wie beerdigt werden soll und wer als Hinterbliebener auf den Seelsorger wartet. Dieser Zettel wandert in mein Postfach und mit der Telefonnummer drauf mache ich mich an den ersten Anruf. So weit ist alles normal. Kritisch wird es, wenn die Pfarrsekretärin ihr Telefonat unterbricht, während ich nach dem Zettel im Fach greife, und zu mir sagt: »Warte mal eben, Christian.« Das verheißt nie etwas Gutes. Vor allen Dingen nicht, wenn die Aussage von einem gewissen mitfühlenden Blick begleitet ist.

Was nämlich auf dem Zettel nie vermerkt ist: die näheren Umstände des Todes. Diese fehlende Info kann einen gravierenden Unterschied machen. So auch in diesem Falle. Ein 49-jähriger Mann. Das Alter, das zum Sterben keines ist, lässt schon erahnen, dass irgendwas nicht »ganz normal« ist. Vielleicht wieder einmal der Krebs, der schon so alltäglich geworden ist wie die Grippewellen im Laufe des Jahres. Hm, er hatte nicht nur das Alter meines Vaters, als er sich das Leben nahm, sondern auch noch denselben Namen. Sachen gibt's, denke ich mir noch. Inzwischen habe ich auf dem Stuhl gegenüber unserer Pfarrsekretärin Platz genommen und warte darauf, dass sie das Telefonat beendet. Zwischenzeitlich klingelt es an der Tür und eine ältere Dame tritt ein, um Messen zu bestellen für ihren Mann. Gut, also muss ich noch ein wenig länger warten. Schließlich sind solche Informationen zu sensibel, um sie öffentlich breitzutreten. Angenehmer macht das die Situation nicht gerade und das mulmige Gefühl hat mehr Zeit, sich auszubreiten. Na toll.

Irgendwann verlässt auch die Frau wieder das Büro, die Tür fällt zu und der Blick von gegenüber verrät mir, dass es kein Krebs war. Suizid. Scheiße. Das geht gar nicht. Ein Mann im Alter meines Vaters baut den gleichen Mist wie er. Große Klasse. Jetzt bloß nicht zwei Sachen in einen Topf werfen, Christian. Das ist nicht deine Story, um die es hier geht. Dennoch kann ich nicht verhindern, dass die alte Episode wieder da ist. Viel zu sagen bleibt nicht weiter. Ich ziehe mit dem Zettel davon und gehe in mein Büro. Jetzt ist der Anruf dran, mit dem ich mich als ihr Seelsorger vorstelle und ein Treffen für das Trauergespräch vereinbare. Es ist die Telefonnummer der Mutter. Ich mag nicht. Also fällt mir ein, dass ich mir doch eben fix einen Kaffee machen könnte. Da ich keine Pad-Maschine besitze, sondern die Bohnen mahlen, das Wasser aufkochen und alles in der French-Press-Variante zubereiten muss, gewährt mir das bei sorgsamer Vorbereitung eine etwas längere Schonfrist. Auch wenn ich kein Fan der Aufschieberitis bin, habe ich viel Verständnis für Menschen, die gerne einmal unangenehme Dinge auf die lange Bank schieben. Tja, aber auch die Kaffeetasse führt am Ende wieder zum Telefon zurück. Es nützt nichts. Also rufe ich an, vereinbare ein Treffen und radle los. Unterwegs bleibt mir nur, Gott darum zu bitten, dass ich mich bitte nicht blöd anstelle, mir die richtigen Worte einfallen und ich das notwendige Einfühlungsvermögen an den Tag legen möge.

Ich klingle, die Tür geht auf und eine sympathisch lächelnde Frau öffnet mir. Ach, du Schreck. Das ist eine der diesjährigen Firmkatechetinnen. Mir entfährt ganz ungewollt ein: Du? Ne, oder?

Dann geht es ins Haus und an den Wohnzimmertisch. Es werden zwei intensive Stunden über Verlust, Schmerz, Gottvertrauen und praktische Überlegungen, wie die Feier gestaltet werden kann. Für mich bleibt vor allem ein Satz der Mutter hängen. Während des Gespräches mit ihr fehlte mir nämlich eines, auf das ich irgendwie gewartet hätte: Eine Art von Unverständnis, Wut oder Hadern mit Gott. Denn ihr Sohn war leider nicht das einzige Kind, das sie im Laufe ihres Lebens verloren hatte. Aber nein, davon kam gar nichts. Als ich vorsichtig nachfragte, ob sie denn gar nicht wütend auf Gott sei oder enttäuscht, erntete ich nur ein überraschtes: »Warum denn das? Ohne Gott würde ich das alles doch gar nicht aushalten.«

Diese Frau, die mich damals überrascht und beeindruckt zurückgelassen hat, Birgitta Freifrau von Twickel. Sie ist inzwischen 79 und Mutter von sieben Kindern. Langeweile ist ein Fremdwort in ihrem Alltag. Nachdem die Kinder aus dem Haus waren, galt es einem Schreckensszenario vorzubeugen. Sie musste unbedingt der Frage Herr werden: »Was machst du nur? Du willst nicht montags wissen, was du freitags kochst, willst nicht jedes Gräschen rupfen und penetrant ordentlich sein.« Also besuchte sie für mehr als fünfzehn Jahre die europäische Kunstakademie in Trier und den ein oder anderen Künstler in der Umgebung, um zu lernen.»Offen bleiben für Veränderungen ist für mich eine ganz wichtige Perspektive. Ich weiß ja nicht, wie lang mein Stückchen Leben noch ist«, fügte sie schmunzelnd hinzu.

Die Kunst wurde ihr Weg, das Leben zu verarbeiten und Erfahrungen zu verpacken.

Nach der Beerdigung ihres Sohnes besuche ich sie erneut und wir kommen wieder auf viele Dinge zu sprechen. Und mehr so nebenbei erwähnt sie ihren »Pater Willi«. Dem hätte sie schon einmal von einer Idee erzählt. Zu Beginn sei sie sich bei dieser Idee sicher gewesen. Doch dann wären ihr Zweifel gekommen, ob man so etwas überhaupt machen sollte. »Jetzt wird es interessant«, denke ich mir. Nach allem, was ihr das Leben so mit auf den Weg gegeben hat, hätte sie sich einen Sarg gekauft, um ihn selbst zu gestalten. »Ein ganz einfacher. Den habe ich mir dann liefern lassen.« Der Bestatter hätte damals gestaunt. Nicht nur er.

Als der Sarg schließlich geliefert wurde und in ihren Arbeitsräumen vor Frau von Twickel stand, da hätte sie ein wenig der Mut verlassen und sie habe ihn zunächst einmal beiseite gestellt. Anschließend suchte sie bei dem Redemptoristenpater Willi Rat. Auf die Frage, ob die Idee, den eigenen Sarg zu gestalten, nicht doch ein wenig vermessen sei, habe er sie nur darin bestärkt. Plötzlich geht ihr Blick in meine Richtung. Jetzt bin ich also dran. Ich sage ihr, dass es sicherlich nicht alltäglich sei, dass jemand so auf Tuchfühlung mit seinem eigenen Ableben geht. Aber wenn das ihr eine Hilfe ist, mit all den Zumutungen und Verlusterfahrungen umzugehen: Dann immer ran! Denn der Suizid ihres Jungen war nicht der erste Verlust, den sie zu überstehen hatte. Drei Kinder hatte sie verloren.

Wieder packt mich meine Bewunderung für diese Frau. Ein anderer Gedanke kommt aber hinzu. Was für ein Verlust wäre es doch, wenn dieses Vorbild, diese Geschichte, nicht mehr Menschen erreichen würde. Der Gedanke wird immer drängender. Was würde diese Frau mit ihrem Tun nicht in Menschen auslösen können? Also gebe ich meiner Intuition nach und frage, ob sie es nicht für wichtig hielte, ihren Mut und ihre Herangehensweise an andere weiterzugeben. »Meinen Sie wirklich?« Ja, das meine ich. Ich bin überzeugt davon. Ich erzähle ihr meinen spontanen Gedanken, dass ich sie gerne bei der Gestaltung des Sarges mit der Kamera begleiten möchte. Ich würde ihr helfen und möchte gerne, dass andere Menschen von ihren Gedanken und ihren Überzeugungen erfahren. Nachdem diese aufdringliche Intuition raus ist, erhalte ich von ihr ein klares Ja.

Krass. Was ist da denn gerade passiert? Das Kaffeetrinken endet und ich radle nach Hause, ohne dass ich recht einzuordnen vermag, was sich ereignet hat. Nur eines ist klar: Wir haben ein weiteres Treffen ausgemacht. Beim nächsten Mal sehen wir uns an ihrem Sarg. Ich weiß in dem Moment nicht, ob ich grinsen oder verstört sein soll. Aber die Idee begeistert mich und bis zum nächsten Wiedersehen setzt sie sich immer mehr fest und löst ein »Das ist gut« in mir aus.

Wir sehen uns also wieder. Sie, ich und ein einfacher Holz-sarg aus Kiefer. Im Unterschied zu den meisten Eiche-Rusti-kal-Ausgaben, in welchen wir auch meinen Vater gelegt hat-ten, wirkt dieser Sarg aus Kiefer weit weniger einschüchternd, sondern eher »freundlich«. Die Oberfläche ist hell und unbe-handelt. Frau von Twickel kramt einen Zettel hervor, der sie schon seit langem begleitet. Es steht ein Satz darauf, der für sie auf eine tröstende Weise formuliere, was es mit dem Tod und dem Leben danach auf sich habe. Ich bin gespannt. »Der Tod ist einfach das Heraustreten aus dem physischen Körper und zwar in gleicher Weise, wie ein Schmetterling aus einem Kokon heraustritt.« Ich bleibe an dem Wörtchen »ist einfach« hängen. Während mich das noch beschäftigt, holt sie einen Farbtopf und stellt ihn auf den Tisch ab. Die Farbe springt ei-nen so an, dass ich mich mit dem »ist einfach« nicht weiter beschäftigen kann. Die hätte sie von einem Holländer gekauft. Wenn der Kokon aufbricht, passiert etwas Wunderbares, er-klärt sie mir. Ein wunderschöner Schmetterling sei schließlich das Ergebnis. Das sei doch wohl ein tolles Bild für unseren Tod und die Auferstehung. Recht hat sie. Deswegen habe sie über-legt, den Sarg in diesem Grün anzumalen. Es ist ein Maigrün. Ich kann mir ein Schmunzeln nicht verkneifen und stelle mir gerade die Gesichter meiner Verwandten und Nachbarn vor, wenn sie diesen schlichten Sarg in Maigrün auf einer Dorf-beerdigung präsentiert bekämen. Das würde Stoff für etliche Monate bieten. Grandios. Eindringlicher und provokativer kann man die österliche Hoffnung gar nicht hinausschreien.

Ich packe mein Videoequipment aus und baue die Kame-ra auf. Das werde ich in den kommenden Monaten immer wieder tun. Das Grün deckt nämlich nicht mit dem ersten Anstrich. Ein allzu plakatives Sinnbild für unsere christliche Hoffnung auf ein Leben nach dem Tod. Einmal hören reicht da auch nicht. Sorry, ich weiß, das ist platt. Aber es stimmt. Nur weil ich irgendwie schon glauben möchte, dass mit dem Tod nicht alles aus ist, heißt das noch lange nicht, dass diese Hoffnung trägt, wenn es drauf ankommt. Genauso dünn sah die Farbe nach einmal Auftragen aus. Auf dem Sarg fanden schließlich noch Holzrinden ihren Platz, die wir angenagelt haben als Sinnbilder für Kokons. Daneben wurden auf Leinwand gemalte und ausgeschnittene Schmetterlinge platziert.

Während des Malens, Hämmerns, Schneidens, Klebens und Verwerfens blieb viel Zeit, um miteinander zu reden. Schließlich war klar, dass der Sarg mit seiner Geschichte einen Platz im Ostergottesdienst finden sollte. Auf zwei Rollbrettern haben wir ihn von der Innenstadt in die 2,5 Kilometer entfernte Kirche transportiert. Allein die Blicke der Autofahrer und der an der Bushaltestelle wartenden Passanten waren die Mühe wert. Allerdings traute sich niemand zu fragen, ob da wirklich jemand drin liege. In der Osterliturgie stand der maigrüne Sarg an den Stufen des Altares und wurde zu den Fürbitten geöffnet. Dazu hatten wir ihn mit Muttererde gefüllt. Auf diese Weise wollten wir die Mitfeiernden mit einer grundlegenden biblischen Überzeugung in Verbindung bringen.

»Vielleicht werdet ihr jetzt fragen: ›Wie werden die Toten denn auferstehen? Was für einen Körper werden sie haben?‹ Wisst ihr das denn immer noch nicht? Jedes Samenkorn, das gesät wird, muss vergehen, ehe neues Leben daraus wächst.

Und was wir säen, ist ja nicht schon die fertige Pflanze, sondern es sind nur Körner, sei es Weizen oder anderes Saatgut.

Aus jedem Samenkorn lässt Gott eine Pflanze wachsen, die so aussieht, wie er es gewollt hat, und diese Pflanzen sind alle ganz verschieden. Ich sage euch die Wahrheit: Ein Weizenkorn, das nicht in den Boden kommt und stirbt, bleibt ein einzelnes Korn. In der Erde aber keimt es und bringt viel Frucht, obwohl es selbst dabei stirbt.« (1 Kor 15,35ff.)

In der Überzeugung, dass Gott dazu in der Lage ist, aus dem absoluten Nichts einen Neuanfang zu ermöglichen, aus dem, was tot ist, neues Leben zu schaffen, waren die Leute eingeladen, in Gefäße mit Samenkörnern zu greifen. »Denk an das, was du schmerzlich hergeben musstest, was dir genommen wurde und gestorben ist. Denk an das, von dem es besser wäre, dass es stirbt, dass es endet, damit neues Leben für dich möglich wird.« Mit diesen Dingen vor Augen sollten sie die Samenkörner in den Boden fallen lassen. Es war geplant, ihnen anschließend ein Beet auf dem Friedhof zu organisieren, der sich direkt an die Kirche anschließt.

In der Vorbereitung auf diesen Gottesdienst hatte ich befürchtet, dass diese Aktion so manchen überfordern könnte. Aber überhaupt nicht. Viel mehr beeindruckte es mich zu sehen, wie die Gottesdienstbesucher einander die Möglichkeit ließen, einzeln an den Sarg heranzutreten, um die Körner fallen zu lassen.

Schließlich wurde der Sarg wieder geschlossen und zur Gabenbereitung Kelch und Schale auf ihm platziert. Ja, wir haben die Eucharistie auf ihm gefeiert. Deutlicher konnte wohl nicht zum Ausdruck gebracht werden, dass es bei der

Eucharistiefeier nicht allein um die Wandlung von Wein und Brot geht, sondern, dass wir als Verwandelte und Veränderte aus diesem Gottesdienst entlassen werden sollen. Alles andere wäre sonst nur blutleerer Ritus, der mich persönlich gar nicht betreffen würde. Aber genau das soll verwandelt werden, was ich an Leben und Tod zu Gott bringe. »Herr wir bringen in Brot und Wein unsere Welt zu dir. Schenk uns deine Gegenwart im österlichen Mahl.« So wird immer wieder mal zur Gabenbereitung gesungen. Bei dieser Feier eben nicht nur als Liedvers, sondern zum Anschauen und Anfassen.

Die Gestaltung des Sarges war das eine. Die Geschichte, die sich dahinter verbarg, eine ganz andere. Auch sie sollte ihren Platz im Gottesdienst finden. Sie sollte neben allem Bitteren, neben dem Verlust und dem Schmerz, auch Hoffnung machen und zeigen, dass Ostern, Auferstehung im Leben möglich ist und passiert. Der Blick auf den Sarg war wie der Blick in das dunkle Grab in der Bibel: »Am ersten Tag nach dem Sabbat noch vor Sonnenaufgang, ging Maria aus Magdala zum Grab. Da sah sie, dass der Stein nicht mehr vor dem Eingang des Grabes lag. (...) Sie blieb voll Trauer davor stehen. Weinend schaute sie in die Kammer.« (Joh 21,1.11)

Einiges später, ich bin wieder bei Frau von Twickel zu Besuch. Die Kaffeetassen stehen vor uns und sie beginnt zu erzählen. Über einen Tag vor langer Zeit, ihre älteste Tochter war gerade einmal sieben. Es ging auf Familienurlaub in den Süden Deutschlands. Das erste Domizil, das man sich ausgewählt hatte, wurde wieder verworfen. Es lag direkt an einer viel befahrenen Straße und großen Kreuzung. Das schien den Eltern zu gefährlich. Dann lieber Ferienwochen auf einem idyllischen, abgeschiedenen Bauernhof. Ein Paradies für die Kinder mit vielen Altersgenossen zum Spielen.

Super beliebt der große Innenhof, umgeben von den Gebäuden und einer großen Scheune, in der die Gerätschaften und Fahrzeuge untergebracht waren. Eines dieser Fahrzeuge, ein großer Traktor, wurde an einem Tag für den Arbeitseinsatz rausgefahren. Und dann ... Frau von Twickel erzählt: »Mein Mann und ich waren irgendwo mit den Pferden unterwegs und kamen dann wieder und das Kind war tot. Ja ... Das war ganz ganz ganz furchtbar. Und dann dieser kleine Kindersarg. Dieser weiße Sarg.« Brutal. Die Tochter vom Traktor erfasst und sofort tot. Dass sie die Erinnerung schmerzt, ist greifbar, und trotzdem kommen die Worte ganz souverän aus ihrem Mund. Ich sitze nur still auf meinem Stuhl und schaue sie schweigend an und bin froh, dass sie von mir auch keinen Kommentar erwartet. Außer einem hilflosem »Es tut mir einfach nur leid« geistert mir eh nichts durch den Kopf. Das Schlimme: Ihre Geschichte ist noch nicht zu Ende.

Unter den sieben Kindern befanden sich auch Zweieiige Zwillinge, ein Mädchen und ein Junge. Das Mädchen verstarb mit 42 Jahren an Krebs. »An dem Tag, an dem meine Tochter verstorben ist, da habe ich am Bett gestanden und habe wohl tausendmal gesagt ›Gott sei Dank‹, als endlich der Atem aufhörte. Ob das jemand verstand oder nicht, war mir vollkommen egal. Das sage ich heute mit vollster Überzeugung.« Sagt sie und schlägt mit der Hand auf den Kaffeetisch. Das Geschirr klirrt. Ob ich das verstehen kann? Angesichts ihrer Emotionen und Überzeugungskraft: Aber so was von. Ob ich etwas sagen will: Auf keinen Fall. Soll ich etwa von der christlichen Erlösung sprechen? Das würde inhaltlich passen. Aber wäre das angebracht? Ich denke nicht. Schließlich hat sie existenziell mit aller Widersprüchlichkeit erlebt, was dieser große Begriff meint. Da brauche ich das nicht noch mit theologischem Gedöns untermauern. »Denn der Leidensweg war doch sehr groß«, fügt sie hinzu. Ihre Tochter war mit einer kleinen Behinderung geboren worden. Sie hatte keine Blase. »Als Kind in der Schule mit so einem Beutelchen am Ausgang. Wissen Sie, wie grausam Kinder sein können untereinander? Die hat was mitgemacht. Das können Sie mir glauben.« Nach etlichen Jahren, vielen Kilometern und unzähligen Stunden in diversesten Wartezimmern von Ärzten konnte ein Hamburger Spezialist helfen. Aber gerade diese Ersatzblase war es, die der Krebs sich ausgesucht hatte. Was als die Erlösung von Hänseleien und eine Wiedergewinnung von Lebensqualität hätte sein sollen, wurde zum Ausgangspunkt eines neuen Leidensweges. Pervers. »Liebe Mama, ich bin jetzt ein Schmetterling, wie du es dir immer erträumt hast. In Friede und Leichtigkeit schicke ich dir dankbare Geburtstagsgrüße. Ich danke dir für deine Hilfe und liebevolle Begleitung in meinem ganzen Leben. Ein zartes Schmetterlingsküsschen.« Das ist die letzte Karte, die sie als Mutter von ihrer Tochter erhalten hat. Ihr steigen die Tränen in die Augen und mir auch. Wir schweigen. Pause. Kaffee wird gekocht und ich entschwinde zur Toilette. Tief durchatmen.

Den dritten Blick ins Grab hat sie mit dem Jungen der Zwillinge getan. Eben jener 49-jährige Mann, der sich fünf Jahre nach dem Tod seiner Schwester das Leben nahm. Mir kommt eine der beeindruckendsten Bibelstellen in den Sinn:

»›Maria!‹, sagte Jesus nun. Sie wandte sich ihm zu und rief: ›Rabbuni!‹ Das ist Hebräisch und heißt: ›Mein Meister.‹ Jesus sagte: ›Halte mich nicht fest! Denn ich bin noch nicht zu meinem Vater zurückgekehrt. Geh aber zu meinen Brüdern und sag ihnen: Ich gehe zurück zu meinem Vater und zu eurem Vater, zu meinem Gott und zu eurem Gott!‹

Maria aus Magdala lief nun zu den Jüngern und berichtete ihnen: ›Ich habe den Herrn gesehen!‹ Und sie erzählte alles, was ihr Jesus gesagt hatte.« (Joh 21,16ff.)

Nachdem sich Maria vom Grab abgewendet hat, war sie in der Lage, Jesus überhaupt zu begegnen. Aber ohne seine Anrede, ohne dass er sich zu erkennen gibt: keine Chance.

Wie findet man nach solchen Tiefschlägen des Lebens nur wieder in den Alltag zurück? Wie wendet man sich ab vom Grab? Diese Fragen geistern mir durch den Kopf. So banal sie auch klingen mögen. Wie hat es Frau von Twickel geschafft, sich wie Maria Magdalena von der Dunkelheit des Grabes zu lösen und sich umzudrehen? Wie war es möglich, den Blick davon zu lösen? »Wissen Sie wie? Das sage ich Ihnen: über Arbeit.« Ein energischer Blick. Dann erzählt sie mir von der Autowerkstatt ihres Mannes, in der es noch eine Fahrzeuggrube gegeben habe. Die sei aufgefüllt worden mit Holzspänen, um das Öl und anderen Schmutz aufzusaugen. Das sei ein wahres Arbeitsparadies gewesen, um sich auszutoben. Diese schmutzige Grube habe sie gereinigt, immer wieder. Was das für eine dreckige Arbeit gewesen wäre. »Ganz bewusst, damit mein Körper davon betroffen war.« Damit der Kopf aufhörte zu rotieren und der Schlaf einfach über sie kam. »Ich konnte ja nicht in den Kneipp-Verein gehen, ich hatte ja noch viele

Kinder. Ich war jahrelang nicht ich selbst, weil ich einfach nur funktioniert habe, von morgens bis abends.«

Für unsere Unterhaltung hatte ich quasi einen Freifahrtschein erhalten und durfte alles fragen, was mir so in den Sinn kam. Mich interessiert natürlich, wie oft sie sich denn die Frage gestellt habe: Warum ich? »Fragen möchte ich nicht, da es sowieso keine Antwort gibt. Allein Gott weiß warum. Das ist meine hundertprozentige Überzeugung! Ich will diese Frage nicht.« Und sie erzählt weiter: »Durch meine Tochter, die mit Krebs im Krankenhaus lag, bin ich durch Zufall mal abends in die Basilika in den Gottesdienst geraten. Und ich habe festgestellt, dass dort jeden Abend eine Heilige Messe ist. Das ist mir zur Gewohnheit geworden, dass ich, wenn eben möglich, täglich dorthin gehe. Durch die Heilige Messe komme ich damit besser klar. Wenn ich den Glauben nicht hätte, ich glaube nicht, dass ich das dann alles verkraften könnte.« Da ist es wieder, dieses unerschütterliche Gottvertrauen, das sich infrage stellen, aber eben nicht kippen lässt. Die klare Art, wie sie ihre Sätze formuliert, und der wache Blick zeigen verdammt deutlich, dass hier keine Kalendersprüche wiederholt werden, sondern die persönliche Lebenserfahrung spricht. Für die hat sie einen hohen Preis gezahlt und ich frage mich nur, wie viele wohl unter solch einem Brocken Leben zusammengekracht wären. »Ich wurde immer stärker«, setzt sie nach.

Auf meine Frage, ob ihr selbst denn der Tod Angst mache, erhalte ich ein klares Nein, denn: »Es wartet auf mich nichts Schlechtes.« Ich schmunzle. »Es ist auch eine Sehnsucht damit verbunden, nach dem ewigen Frieden, keine Komplikationen mehr, einfach nur Ruhe und Friede.«

Stimmt die Botschaft denn wirklich? Hält sie, was sie verspricht? Es bleibt eben diese Hoffnung, dass der Tod nicht das letzte Wort über unser Leben behält, weil Jesus sich mitten in die größte Finsternis hineingeschmissen hat. Er stand aufrecht dort, wo all das ist, was wir lieber nicht sehen wollen: mein Leiden und das Leiden anderer, das Stöhnen der Gequälten und ihr Verstummen, der Spott der Mobber und Unterdrücker, die ihre Opfer mit Genugtuung an den Boden drücken, all die Höllen, die wir uns tagtäglich bereiten.

Gott im Tod. Das ist das Abstruse und Ungeheuerliche, an das wir uns anmaßen zu glauben. All das, was dieser Gott angenommen hat, ist erlöst. Er hat unsere Verlassenheit angenommen, also muss sie mehr sein als die bittere Einsamkeit, die mich innerlich hart werden lässt. Er hat unseren Schmerz angenommen, also muss er mehr sein als eine Erscheinung, die es um jeden Preis zu betäuben gilt. Gott hat den Tod angenommen, also muss er mehr sein als der Fall ins absolute Nichts. Der Tod ist nicht das Letzte, auch wenn er in unserer Welt von Tag zu Tag wütet. Nicht er hat das letzte Wort, sondern ein anderer. Das Grab ist leer.

Elie Wiesel erzählt in seinem Buch »Die Nacht« von einer Episode, die diesen Gedanken in aller Brutalität dem Leser um die Ohren haut. Mit nicht ganz 16 Jahren musste er ins Konzentrations- und Todeslager nach Auschwitz. Mutter, Vater und Schwester starben. Er selbst erlebte nur mit knapper Not die Befreiung im April 1945. Seine Schilderungen sind eine Zerreißprobe zwischen Verzweiflung und Hoffnung. Sie schwanken zwischen Vertrauen in Gottes Macht und bitterer Anklage. Nach einem misslungenen Sabotageakt werden unter Aufsicht von SS-Soldaten auf dem Appellplatz drei Galgen aufgerichtet. Als Verantwortliche sollen zwei Männer und ein Kind hingerichtet werden. Alle Internierten sind verpflichtet, diesem grausamen Schicksal beizuwohnen. Elie Wiesel erinnert sich, wie jemand hinter ihm in der Reihe steht und die Frage hervorpresst: »Wo ist Gott, wo ist er?« Berechtigte Frage. Jedenfalls greift Gott nicht auf wundersame Weise in das Geschehen ein. Er lässt sich nicht herab und setzt die Spielregeln kurz außer Kraft und rettet dieses Kind. Der kleine Junge muss wie die anderen Männer auf einem Stuhl stehen, damit der Hals in die Schlinge gesteckt werden konnte. Sein Stuhl kippt genau so um wie die der anderen beiden. Leider ist er leichter als die Erwachsenen. Deswegen muss es am Galgen zappeln und qualvoll ersticken. Zur Perversion des Lagerlebens gehörte es, dass die Insassen an den Gehängten vorbeilaufen mussten und den Blick nicht abwenden durften. Als Elie Wiesel vorbeigeht, hört er dieselbe bittere Frage hinter sich: »Wo ist Gott, wo ist er?« In diesem Moment wird Elie eines klar und dieser Gedanke ist geradezu unerträglich: Dort am Galgen hängt er. So wie er schon auf Golgatha am Kreuz hing und wie er tagein, tagaus an den Todesmitteln unserer Zeit hängt. Weil wir das glauben können, glauben wollen, glauben müssen, dass Gott sich selbst den Tod nicht vom Leib gehalten hat, deswegen haben wir Hoffnung in all den Todesstunden dieses Lebens.

Was für das Ende eines Lebens gilt, das gilt ebenso für das Ende einer Beziehung, für zerstörte Träume und aufgelöste Hoffnungen, für verfehlte Ziele und unerfüllte Erwartungen. All das sind Todeserfahrungen mitten im Leben. Aber es gibt ein Danach. Sich auf diese Momente zu fixieren, würde bedeuten, wie Maria Magdalena beim Blick in das dunkle Grab stehen zu bleiben. Dreh dich um, wende dich ab, verlass den Ort des Todes. Hab die Hoffnung, dass die Macht Gottes größer ist als jeder Tod im Leben.

Dass das keine einfache Übung ist, zeigt die Osterkerze. Das Kreuz und die Wundmale springen einen geradezu an. Leid, Schmerz, Elend, Enttäuschungen, Verrat, das kann sich niemand vom Leib halten. Ganz oben aber brennt diese kleine Flamme, das Fünkchen Hoffnung, dass diese miesen Wegbegleiter nicht das letzte Wort über unser Leben behalten. Leiden heißt dabei nicht, sich verschlingen zu lassen vom Schmerz, sich resigniert zu ergeben. Es geht darum, die Hoffnung hoch zu halten. Wenn mir allerdings der Boden unter den Füßen weggezogen wird, kann ich das nicht mehr allein. Es wird mir kaum gelingen, mich wie Münchhausen am eigenen Schopf aus dem Sumpf herauszuziehen. Dazu braucht es Menschen an meiner Seite. Die müssen mir keine Lösung anbieten, können sie oft auch gar nicht. Eine schnelle Vertröstung, ein in den Raum geworfenes »wird schon wieder«, kann verdammt weh tun. Aber mich aushalten, das können sie, nicht weglaufen, nicht wegsehen. Wirklichen Beistand, wirkliche Hilfe erfahre ich da, wo es einer wagt, meine Ohnmacht auf sich zu nehmen und sie zu ertragen, wo er nicht einfach drübersteht, sondern mitempfindet. Der im wahrsten Sinne des Wortes Mit-Leid hat.

Heiliger Dilettantismus

In der Kirche haben wir derzeit viele
Möglichkeiten zu jammern. Etliche Krisen machen deutlich,
dass irgendetwas nicht so ganz stimmen kann. Die derzei-
tige Sozialform steckt in der Krise, wir haben eine deftige
Glaubenskrise, die Leitungsstrukturen der Bistümer und
Pfarreien kriseln, es gibt eine Berufungskrise, finanzielle Krisen erschüttern die Landschaft ... und jetzt? Wenn ich mir
die katholische Kirche anschaue, die ich bisher erlebt habe,
gewinne ich immer mehr den Eindruck, dass das alles nur
Symptome eines ganz anderen und tieferen Problems sind.
Die Pfarreien scheinen vergessen zu haben, wer sie eigentlich
sind, und, vor allem, wofür sie gemacht wurden. Die Pfarrei
hat einen Auftrag für ihren Landstrich, für ihre Stadt, für
ihr Dorf. Dieser Auftrag lautet nicht: »Wir machen es uns
gemütlich in unseren Kreisen und lassen es uns gut gehen
und dienen vor allem uns selbst.« Mission, Evangelisierung,
Verkündigung, das sind Schlagwörter für die religiösen Profis. Wobei deren erste Mission – so habe ich hin und wieder
den Eindruck – vor allem darin besteht, die Bedürfnisse der
Gemeindemitglieder zu befriedigen und die wiederum bemü-

hen sich vor allem zu retten, was da ist. Das kann nur in Frustration enden. Christian Hennecke hat dafür das schöne Bild des Silvesterklassikers Dinner For One aufgegriffen. Das lässt herrlichen Interpretationsspielraum. Seit Jahren und Jahrzehnten tun wir so, als wären alle Plätze in der Kirche besetzt. Wir investieren unsere volle Kraft für die Wenigen, die noch am Tisch sitzen und meist wie Miss Sophie ein höheres Semester aufweisen. Allerdings scheinen wir vergessen zu haben, dass es wohl schöner für alle Beteiligten wäre, wenn wieder mehr Leute am Tisch säßen. Miss Sophie hat ihre besten Freunde seit 25 Jahren überlebt. Die Kirche weiß seit mehr als 25 Jahren, dass sie Menschen nicht mehr gewinnen, nicht mehr überzeugend in die Beziehung zu Gott bringen kann. Trotzdem machen wir weiter wie bisher. Wir tauschen höchstens den bronzenen Leuchter und das Goldbrokat gegen etwas Zeitgemäßes aus, aber sonst bleibt alles, wie es ist. Dabei ist das Kredenzte wirklich vom Feinsten. Es ist das Beste, was wir zu bieten haben: nämlich unser Glaube. Doch leider kommt das nur selten rüber. Für vieles in der Kirche und gerade in den Predigten gilt wohl die Ansage des Sprechers: Same procedure as every year. Wir haben für dieses Angehen nur einen netteren Namen gefunden. Wir nennen das Ganze »Tradition«. Das hat mehr Gewicht, klingt ehrwürdiger und lässt sich nicht so leicht aus den Angeln heben.

Allerdings führt das zu einer bedenklichen Mentalität. Kirche hält sich in sicherem Abstand zu den wirklichen Problemen der Welt, zu den Problemen vor Ort, und konzentriert sich mehr auf ihre eigenen Bedürfnisse und Befindlichkeiten. Wir klagen und bedauern vieles, die fortschreitende Säkularisation, den Glaubensverlust, die leeren Bänke in den Kirchen. Wir finden vieles doof und doch berührt es uns eben nicht richtig. Es motiviert uns nicht ausreichend, zu fragen: Muss das alles so sein – oder geht das nicht auch ganz anders?

Kirche hat eine Mission. Nein, das stimmt so gar nicht. Die Sache Jesu, seine Mission hat eine Kirche. Das ist die richtige Reihenfolge und der wahre Schwerpunkt. Diese Mission wird sogar ziemlich klar formuliert. Von Jesus selbst, der zu seinen Jüngern sagt: »(...) Geht hinaus in die ganze Welt und ruft alle Menschen dazu auf, meine Jünger zu werden! Tauft sie auf den Namen des Vaters, des Sohnes und des Heiligen Geistes! Lehrt sie, alles zu befolgen, was ich euch aufgetragen habe. Ihr dürft sicher sein: Ich bin immer bei euch, bis das Ende dieser Welt gekommen ist!« (Mt 28,18ff.) Geht– Ruft–Tauft–Lehrt. Das sind die Aktivitäten, die Jesus seiner Kirche ins Stammbuch schreibt, mit einem großen Ziel: Die Menschen sollen seine Jünger werden. Ich weiß. Das entlockt vielen auch nicht mehr als ein müdes Gähnen und den enttäuschten Gedanken: Schon wieder so ein Allgemeinplatz. Aber ich kann auch nichts dafür, dass diese Begriffe so weich gespült wurden. Jesu Jünger bist du jedenfalls nicht durch eine Kirchenmitgliedschaft oder durch fromme Veranstaltungen. Jesu Jünger bist du erst dann, wenn du dich auf eine Beziehung zu ihm einlässt, wenn du bereit bist, von ihm zu lernen, wenn du seinen Anspruch akzeptierst: »Ich bin der Weg, ich bin die Wahrheit, und ich bin das Leben.« (Joh 14,6)

Das ist eine klare Ansage: Jesus will mir den Weg zeigen. Einen Weg, der es wert ist, dass ich ihn mir was kosten lasse. Jesus gibt mir die entscheidenden Wahrheiten an die Hand, die mir helfen, mich in dieser unübersichtlichen und komplexen Welt zurechtzufinden. Kein 10-Punkte-Programm als Highway zu einem glücklicheren Leben. Nein, ich muss mich auf Jesus selbst einlassen. Nur so komme ich zu einem Leben, das auch wirklich Leben genannt werden kann.

Wer dazu Ja sagt, sagt Ja zu einem lebenslangen Lernprozess. Dieser Prozess ist übrigens keine Zusatzoption, die bei Belieben hinzugebucht werden kann. Im Glauben zu wachsen durch ein lebenslanges Lernen ist zwingend nötig, ohne Wenn und Aber. Immer wieder neu, an jedem Arbeitstag, in den vielen Herausforderungen meines Alltags, von den schönen bis zu den schaurigen Begegnungen, vom stillen Moment bis zur Kasse im Supermarkt muss ich mir diese Beziehung immer bewusst machen. Glaubenswissen und -praxis können ziemlich hohl und leer sein, wenn sie nicht getragen sind von solch einer echten Beziehung zu diesem Jesus. Praktizierender Katholik und regelmäßiger Kirchgänger zu sein, heißt noch lange nicht, Jünger Jesu zu sein. Habe ich ein Verlangen, ein Bedürfnis, einen Hunger, eine Sehnsucht nach diesem Jesus? Würde ich ihn vermissen, wenn er in meinem Leben nicht vorkäme? Wenn nein, dann bin ich noch kein Jünger, dann habe ich mich noch auf keine wirkliche Beziehung eingelassen. Vielleicht beobachte ich noch, schaue aus der Ferne zu, weil ich mir noch nicht so sicher bin, was ich von dem Ganzen zu halten habe. Aus dieser Distanz heraus werde ich es allerdings auch nie erfahren. Ob Jesus wirklich hält, was er verspricht, erfahre ich erst, wenn ich mich auf ihn einlasse.

Eines ist dabei klar: Es wird spannend. Das zeigen die Typen, mit denen Jesus unterwegs war, nur zu deutlich. Ihre

Beziehung zu Jesus ist wie jede andere Beziehung auch: ein dauerndes Auf und Ab.

Das Fachpersonal Jesu kann nicht gerade mit Höchstleistungen aufwarten. Drei Jahre lang leben sie aufs Engste mit ihm zusammen und kapieren an den entscheidenden Punkten rein gar nichts. Die heiligen Zwölf können nicht gerade mit einem großen, vorbildlichen Glauben aufwarten. Jesus ist deshalb immer wieder frustriert. Einmal poltert er sogar: »Was seid ihr nur für eine ungläubige und verdorbene Generation! Wie lange soll ich noch bei euch sein und euch ertragen?« (Mt 17,17) In den Abschiedsreden des Johannes, zu einem Zeitpunkt also, an dem es ernst wird, scheint bei den Aposteln immer noch nichts richtig zu sitzen: »Ich bin nun schon so lange bei euch, und du kennst mich noch immer nicht, Philippus? Wer mich gesehen hat, der hat auch den Vater gesehen. Wie also kannst du bitten: ›Zeig uns den Vater‹?« (Joh 14,9)

Selbst der Fels, auf den Jesus seine Kirche bauen will, ist kein massiver Berg, sondern eher ein rutschiger Kiesel. Bei Petrus liegen die Sternstunden und Abstürze recht nah beieinander. Zunächst tönt er mustergültig: »Du bist der Christus, der von Gott gesandte Retter! Du bist der Sohn des lebendigen Gottes.« (Mt 16,16) So einen Musterknaben will man doch in den eigenen Reihen haben. Ein paar Verse weiter wiederum zürnt Jesus: »Weg mit dir, Satan! Du willst mich hindern, meinen Auftrag zu erfüllen. Was du da sagst, ist menschlich gedacht, aber Gottes Gedanken sind anders.« (Mt 16,23) Schon hat sich der Vorzeigeapostel langgemacht und gezeigt, dass er sein eigenes Bekenntnis in der ganzen Tragweite gar nicht verstanden hat. Nach einer druckreifen Glaubensbekundung meinte er Jesus mal kurz einen Ratschlag in Sachen pfleglicher Behandlung seiner Jünger geben zu müssen. Diese inbrünstige Bezeugung echten Glaubens gibt es nochmals zu hören, als Jesus das letzte Mahl mit seinen Jüngern feiert. »Herr«, fuhr Petrus auf, »ich bin bereit, mit dir ins Gefängnis und sogar in den Tod zu gehen.« (Lk 22,33) Nur antwortet Jesus erneut: »Petrus, ich sage dir: Heute Nacht, noch ehe der Hahn kräht, wirst du dreimal geleugnet haben, mich zu kennen.« (Lk 22,34) Und tatsächlich, Petrus ist der Herausforderung dieser Nacht und Glaubensprobe nicht gewachsen. Er verrät Jesus, weint bitterlich darüber, läuft weg und lässt Jesus allein krepieren. Überhaupt: Bis auf Johannes schafft es keiner unters Kreuz. Nur die Frauen, die auch gegenwärtig so vieles in der Kirche reißen, die stehen ohne Mucksen Jesus bei, bis zum bitteren Ende.

Diese Auswahl von echten Könnern hat sich auch schon im Alten Testament gezeigt: Mose stotterte und war ein Mörder; David war Hirte und viel zu jung, hatte eine Affäre, mordete und missbrauchte später sein Amt; Hoseas Frau war eine Prostituierte und Jakob war ein Lügner, Jona lief vor Gott davon und Elia hatte ein Burn-out; Noah betrank sich, Jeremia war depressiv und selbstmordgefährdet, und Gideon wie Thomas ein Zweifler. Und trotzdem berief Gott diese Menschen, damit jeder sieht, »dass die außerordentliche Kraft, die in uns wirkt, von Gott kommt und nicht von uns selbst.« (2 Kor 4,7)

Menschen werden gerne auf ihre Fehler und Schwächen festgenagelt: einmal Versager, immer Versager; einmal Schwächling, immer Schwächling. Mit diesen Berufungen erteilt Gott diesem Lebenslänglich-Urteil eine Absage. Stattdessen lautet die Maxime: Willst du seine Kraft erfahren, lebe aus deiner Schwäche heraus. Die gehört nämlich zum Menschsein dazu. Jeder von uns ist irgendwie und irgendwo ein wenig angeknackst und unvollkommen. Immer wieder kämpfen wir mit Halbheiten. Nie ist das Leben einfach und dauerhaft so, wie es sein sollte. Wenn Paulus sein Aposteldasein rechtfertigen will, greift er nicht auf Erfolge zurück. Auch die eindrückliche Offenbarungserfahrung muss nicht herhalten. Er stellt seine Schwäche in den Vordergrund, seinen Stachel im Fleisch, der ihn umtreibt: körperliches Leiden, seine emotionalen Schieflagen, bittere Gemeindeerfahrungen ... keiner weiß das so genau. Aber gerade diese Schwäche sieht Paulus trotz aller Schwere als große Gabe – obwohl er ebenso sehr an ihr leidet:»Dreimal schon habe ich den Herrn angefleht, mich davon zu befreien. Aber er hat zu mir gesagt: ›Meine Gnade ist alles, was du brauchst! Denn gerade wenn du schwach bist, wirkt meine Kraft ganz besonders an dir.‹ Darum will ich vor allem auf meine Schwachheit stolz sein. Dann nämlich erweist sich die Kraft von Christus an mir. Und so trage ich für Christus alles mit Freude – die Schwachheiten, Misshandlungen und Entbehrungen, die Verfolgungen und Ängste. Denn ich weiß: Gerade, wenn ich schwach bin, bin ich stark.« (2 Kor 12,8–10) Diese Beeinträchtigung hat Paulus so sehr umgetrieben, so sehr gedemütigt und so sehr geplagt, dass er für sich keine andere Wahl sah, als sich vollkommen von Gott abhängig zu machen. Das war eine Übung, die er immer und immer wieder vollziehen musste.

Was glauben Sie: Wer von all diesen Persönlichkeiten würde heute im kirchlichen Auswahlverfahren durchfallen? Eher: Wer würde nicht durchfallen? Dem heutigen Verhaltenskodex kirchlicher und noch mehr konservativer Kreise entsprechen sie allesamt nicht. Das lässt tief aufatmen. Denn manch ein Weg weist ein paar mehr Irrungen und Wirrungen auf und manche brauchen ihr Leben lang immer wieder neue Anläufe. Aber all diese Lebenswege kommen an denselben Punkt: an völlige, selbstgewählte Abhängigkeit von Gott. In diesem Bewusstsein sind sie ihre Arbeit, ihre Erfolge und Fehlschläge angegangen. Immer wieder führte sie ihr Weg zurück zu Gott und zu einer immer tiefer werdenden Beziehung zu ihm. Dieses Beispiel hat Menschen ermutigt, erschien ihnen glaubwürdig und überzeugend, alles auf Gott zu setzen. Dieser Schritt ist Grundlage für christliche und kirchliche Gemeinschaft. Nur so wird es gelingen, auch wieder andere Menschen für die Vision Gottes zu gewinnen.

Kirche ist mehr als eine bestimmte Organisationsform und Sozialgestalt. Natürlich gibt es eine verständliche Angst vor dem Unbekannten, vor dem Verlust einer bestimmten Form von Kirche. Denn irgendwie kann derzeit keiner so genau sagen, was werden wird. Aber diese Angst bezwingt man bestimmt nicht durch Glorifizierung vergangener Zeiten und Formen. Traditionalistische und manchmal auch fundamentalistische Therapievorschläge helfen nur wenig. Das erkannte schon Papst Johannes XXIII. in seiner Rede Gaudet Mater Ecclesia zur Eröffnung des II. Vatikanischen Konzils. »In der täglichen Ausübung Unseres apostolischen Hirtenamtes geschieht es oft, dass bisweilen Stimmen solcher Personen unser Ohr betrüben, die (...) in den heutigen Verhältnissen der menschlichen Gesellschaft nur Untergang und Unheil (...) erkennen. Sie reden unablässig davon, dass unsere Zeit im Vergleich zur Vergangenheit dauernd zum Schlechteren abgeglitten sei. Sie benehmen sich so, als hätten sie nichts aus der Geschichte gelernt, die eine Lehrmeisterin des Lebens ist, und als sei in den Zeiten früherer Konzilen, was die christliche Lehre, die Sitten und die Freiheit der Kirche betrifft, alles sauber und recht zugegangen.

Wir aber sind völlig anderer Meinung als diese Unglücksprophetten, die immer das Unheil voraussagen, als ob die Welt vor dem Untergange stünde. In der gegenwärtigen Entwicklung der menschlichen Ereignisse, durch welche die Menschheit in eine neue Ordnung einzutreten scheint, muss man viel eher einen verborgenen Plan der göttlichen Vorsehung anerkennen. Dieser verfolgt mit dem Ablauf der Zeiten, durch die Werke der Menschen und meist über ihre Erwartungen hinaus sein eigenes Ziel, und alles, auch die entgegengesetzten menschlichen Interessen, lenkt er weise zum Heil der Kirche.«

Es gibt keine bessere Zeit für den Glauben als das Jetzt. Der Heilige Geist wird nicht erst dann wirken, wenn die Ausdrucks- und Gemeinschaftsformen stimmen. Er wirkt und er designt die Kirche und ihre Form, nicht andersherum. Dieser Geist lässt sich nicht zwingen und von Pastoralplänen beeindrucken. Er lässt sich nur erbeten. Das haben die ersten Anhänger Jesu auch erfahren müssen: »Da kehrten sie vom Ölberg nach Jerusalem zurück, das ungefähr einen Kilometer entfernt liegt. In der Stadt angekommen gingen sie in das obere Stockwerk des Hauses, wo sie sich von nun an trafen. (...) Sie alle trafen sich regelmäßig an diesem Ort, um gemeinsam zu beten.« (Apg 1,12–13a.14b.) Dieses Häufchen Elend, das sich da versammelt hat, sitzt hinter verschlossenen Türen. Sie haben Ostern erlebt, haben erfahren, dass Jesus von den Toten auferstanden ist. Trotzdem verbarrikadieren sie sich und haben Angst vor den Menschen um sie herum. Mutige Verkündigung jedenfalls sieht anders aus. Doch von einem lassen sie nicht ab: Sie beten. Das letzte Vertrauen haben sie noch nicht aufgegeben.

Mitten in diese Jämmerlichkeit hinein passiert etwas: »Plötzlich kam vom Himmel her ein Brausen wie von einem gewaltigen Sturm und erfüllte das ganze Haus, in dem sie sich versammelt hatten. (...) So wurden sie alle mit dem Heiligen Geist erfüllt und fingen an, in fremden Sprachen zu reden, jeder so, wie der Geist es ihm eingab. (...) Hier erfüllt sich, was Gott durch den Propheten Joel vorausgesagt hat. Bei ihm heißt es: ›In den letzten Tagen, spricht Gott, will ich die Menschen mit meinem Geist erfüllen. Eure Söhne und Töchter werden aus göttlicher Eingebung reden, eure jungen Männer werden Visionen haben und die alten Männer bedeutungsvolle Träume. Allen Männern und Frauen, die mir dienen, will ich in jenen Tagen meinen Geist geben, und sie werden in meinem Auftrag prophetisch reden.‹« (Apg 2,1–2.4.16–18) Das ändert alles. Plötzlich tritt eine mutige Truppe engagierter Prediger vor die Tür und hat keine Angst mehr, Farbe zu bekennen. Ihre Sätze sind mehr als frommes Geschwafel, das man über sich ergehen lassen kann, sofern es die Fünf-Minuten-Grenze nicht überstrapaziert. Das hier ist echter Auftritt für die eigene Überzeugung und diese Begeisterung ist ansteckend. Klartext statt Geschwätz.

Mir zeigt das, dass der Heilige Geist einiges drauf hat – wenn man ihn denn lässt. Denn viel zu oft haben wir Angst, die Hosen runterzulassen und über unseren Glauben zu sprechen. Denn was werden wohl die anderen denken? Glaube schön und gut, aber man muss es ja nicht übertreiben. Nicht, dass sich noch die anderen das Maul über einen zerreißen und man sich womöglich noch lächerlich macht. Von dieser Angst war bei den Jüngern nicht viel zu spüren, nach der obigen Szene zumindest. Vom Gespött der Leute haben sie sich erst gar nicht beeindrucken lassen. »Erstaunt und ratlos fragte einer den anderen: ›Was soll das bedeuten?‹ Einige aber spotteten: ›Die haben doch nur zu viel getrunken!‹« Die Jünger haben ihr Ding durchgezogen, wie so viele nach ihnen. Ob es ein Franz von Assisi ist, der sich aus Revoluzzergeist für die Sache Jesu öffentlich ausgezogen hat. Er wollte demonstrativ mit seinem vorigen Lebensstil brechen. Nicht wenige haben ihm »Spinner« hinterhergerufen. Er hat daraus eine Lebenshaltung gemacht: »Der Herr sagte mir, er wolle, dass ich ein frisch gebackener Narr in der Welt sei.«

Auch die weibliche Fraktion ist nicht minder forsch zur Sache gegangen. Katharina von Siena war charmant, temperamentvoll und vor allem kämpferisch. Zu ihrer Zeit trat sie gegen festgefahrene Strukturen und Denkmuster in der Kirche an. Etwaige Etiketten und gesellschaftliche Erwartungshaltungen interessierten sie nur wenig. »Seien sie nicht ein ängstlicher Säugling, sondern ein Mann«, schrieb sie an Papst Gregor XI. Auch die übrigen Bischöfe ermahnt sie gerne mal deutlich an ihren eigentlichen Auftrag: »Bischöfe sollen Gott suchen, statt wie Schweine zu leben.«

Nicht überall, wo heutzutage Kirche draufsteht, da ist auch wirklich eine solch pfingstliche, mutige und ansteckende Kirche drin. Doch wir müssen endlich wieder kapieren, dass Kirche eine Gemeinschaft von Glaubenden ist und nicht zuerst ein Arbeitgeber oder eine wie auch immer bewertete Stütze unseres Sozialsystems. Diese Glaubensinhalte lösen sich immer mehr in Luft auf. Diese Glaubensinhalte sind etwas gänzlich anderes als die kircheninternen Diskussionen um den Umgang mit Geschiedenen und Wiederverheirateten, Zölibat, Frauenpriestertum und andere Sachen. Das sind wichtige Themen. Aber nicht die drängendsten und entscheidendsten. Wenn man nämlich den Eindruck gewinnen kann, dass mehr Menschen an außerirdisches Leben glauben als an die Auferstehung, dann hat Kirche ein echtes Problem, das weitaus schwerer wiegt als jede innerkirchliche Debatte. Diesem Problem können wir nicht damit begegnen, dass wir unsere Botschaft von der Auferstehung selbst weich spülen mit Phrasen wie »der Verstorbene lebt in unserer Erinnerung und in unseren Herzen weiter und solange das der Fall ist, ist er nicht tot«. Ich hatte einen wirklichen Kloß im Hals, als ich diese Worte auf einer Beerdigung vom Priester hörte. Der war allerdings nicht der Trauer geschuldet, sondern dem Erschrecken über diese Worte. Das ist ein Wohlfühlmärchen zur Vertröstung, aber keine christliche Botschaft.

Mehr Frieden in der Welt, weniger Kapitalismus, mehr Gerechtigkeit, weniger Egoismus, mehr Liebe, mehr Zuckerwatte. Das alles sind schöne und gute Forderungen, aber das könnte die humanistische Ecke, Greenpeace, Amnesty International auch genau formulieren. Die gute menschliche Tat, der Einsatz für das bedrohte Leben ist wunderbar, unterstützenswert und verdient in höchstem Maße Anerkennung. Unbestritten! »Doch ist dieses Zeugnis niemals ausreichend, denn auch das schönste Zeugnis erweist sich auf die Dauer als unwirksam, wenn es nicht erklärt, begründet – das, was Petrus »Rechenschaft gegenüber seiner Hoffnung« (52) nennt – und durch eine klare und eindeutige Verkündigung des Herrn Jesus Christus entfaltet wird. (...) Es gibt keine wirkliche Evangelisierung, wenn nicht der Name, die Lehre, das Leben, die Verheißungen, das Reich, das Geheimnis von Jesus von Nazareth, des Sohnes Gottes, verkündet werden.« (EN 22)

Die Kirche ermöglicht die Beziehung zwischen Gott und den Menschen. Dafür ist sie da. Das gilt es zu schützen und immer wieder in den Mittelpunkt des Handelns zu rücken. In allem, was Kirche und Christen tun, soll die Liebe Gottes zu den Menschen deutlich und erfahrbar werden. All ihr Handeln geschieht nie allein aus eigener Kraft, Fähigkeit und Können, sondern ist am Ende immer ein erhörtes Gebet. Dieses Leben aus der Hinwendung zu Gott, dazu müssen wir immer wieder einladen.

Es ist an der Zeit, die Botschaft neu zu verkünden. Dafür braucht es zuallererst aber wieder Menschen, die sich auf eine Beziehung zu Jesus einlassen und die darum beten, dass der Heilige Geist sie mit seinem Know-how erfüllt. Dann können wir uns auch über Marketingstrategien, Sozialformen und Pastoralpläne unterhalten, die nicht mehr die immer gleichen Muster weiterschreiben, sondern angemessen zeitgemäß sind. Aber erst dann. Und erst dann wird die kirchliche Sprache nicht mehr in hohlen Formeln und Phrasen erstickt, sondern wieder neugierig auf das Evangelium machen. Wir ersticken den Heiligen Geist, bevor er überhaupt wehen kann. Oder verniedlichen ihn zu einem wohlriechenden Düftchen, das man riechen kann oder auch nicht. Nur: Dieser Geist ist kein laues Lüftchen. »Um es klar zu sagen: Der Heilige Geist ist für uns eine Belästigung. Er bewegt uns, er lässt uns unterwegs sein, er drängt die Kirche, weiterzugehen. Aber wir sind wie Petrus bei der Verklärung, ›Ah, wie schön ist es doch, gemeinsam hier zu sein.‹ Das fordert uns aber nicht heraus. Wir wollen, dass der Heilige Geist sich beruhigt, wir wollen ihn zähmen. Aber das geht nicht. Denn er ist Gott und ist wie der Wind, der weht, wo er will. Er ist die Kraft Gottes, der uns Trost gibt, und auch die Kraft, vorwärts zu gehen. Es ist dieses ›vorwärts gehen‹, das für uns so anstrengend ist. Die Bequemlichkeit gefällt uns viel besser.« Das sind Worte von Papst Franziskus in einer morgendlichen Messe zum 50-jährigen Jubiläum des Zweiten Vatikanischen Konzils. Die Apostel Jesu haben ihren wagemutigen Aufbruch – bis auf einen, wobei die Sachlage da auch nicht so ganz klar und gesichert ist – allesamt mit dem Leben bezahlt. Christen in Nordkorea, Somalia, Pakistan, Afghanistan, Sudan, Syrien, Irak, Iran, Jemen und Eritrea reihen sich da ein. In diesen Ländern ist der christliche Glaube aktuell lebensbedrohlich. Warum um Himmels willen tun diese Menschen sich das an? Ganz offensichtlich muss bei ihnen der Glaube existenziell anders verankert sein, um diesen Preis zu zahlen. Der Heilige

Geist will dem Menschen alles geben, was es braucht, um ein Leben in Verbindung mit Gott zu führen, ein Leben entsprechend dem Evangelium. Das ist nicht nur schön und easy going. Aber es ist seinen Preis wert.

Gerade deswegen frustrieren kirchensteuerlich einklagbare Dienstleistungsfeiern, die wir im Fachjargon auch Sakramente nennen. Es geht nicht darum, dass ich mir einen Hundertprozentig-plus-Glauben wünsche. Aber es geht mir um ein Mindestmaß an Respekt vor dem Heiligen. McDonalds-Tüten gehören nicht auf den Altar, zu telefonieren während einer Tauffeier ist mehr als unhöflich und in einer Trauung auf eigene Faust den Bibeltext gegen die Insel der Gefühle auszutauschen ist definitiv nicht okay. In solchen Momenten kann ich nichts dagegen tun, wenn sich gewisse Bibelstellen innerlich geradezu aufdrängen: »Werft, was heilig ist, nicht den Hunden hin! Sie werden euch angreifen und in Stücke reißen. Und werft eure Perlen nicht vor die Säue! Sie werden die Perlen nur zertreten.« (Mt 7,6)

Ob es den Leuten allein zum Vorwurf zu machen ist? Nein. Hin und wieder beschleicht mich das böse Gefühl, dass Kirche selbst Gott aus ihrer Mitte gestrichen und an den Rand verbannt hat. Wir reden über moralische Fragen, über sozial karitatives Engagement, wir reden ganz viel über Finanzen und Strukturprozesse, aber Gott selbst hat es eher schwer in der Verkündigung. Sind die großen Frustrationen womöglich hausgemacht? »Es ist nützlich, daran zu erinnern: Evangelisieren besagt, zuallererst, auf einfache und direkte Weise Zeugnis zu geben von Gott, der sich durch Jesus Christus geoffenbart hat im Heiligen Geist. Zeugnis davon zu geben, dass er in seinem Sohn die Welt geliebt hat; dass er in seinem menschgewordenen Wort allen Dingen das Dasein gegeben und die Menschen zum ewigen Leben berufen hat. (...) Es wird aber erst zur wirklichen Evangelisierung, wenn aufgezeigt wird, dass der Schöpfer für den Menschen keine anonyme und ferne Macht ist: er ist der Vater: »Wir heißen Kinder Gottes, und wir sind es. Also sind wir untereinander Brüder in Gott (EN 26).« Wie sehr steht das noch im Mittelpunkt unserer Gemeinden und unseres Tuns, unserer Vorbereitungen auf die Sakramente? Oder unterwerfen wir uns dem Pragmatismus und sagen: Hauptsache, die Leute haben eine positive Erfahrung mit Kirche gemacht, das ist doch auch schon viel wert. Hauptsache, die Feier an sich ist schön. Das kann Kirche schließlich. Eine schöne Feier, in einem imposanten Bauwerk, und Fotos, die es wert sind das Regal zu füllen. Dafür kann man auch ein wenig Inhalt über die Klinge springen lassen. Eine gute Gemeinschaft für diesen Moment ist doch viel wert. Wenn die Menschen danach sich wieder abwenden, muss man das eben hinnehmen und wir lächeln freundlich weiter. Schließlich können wir dankbar sein, dass überhaupt noch jemand kommt.

Nein, können wir nicht. Das hat was von pastoraler Prostitution. Es geht nicht einfach um nettes Miteinander und Beieinandersein. Dafür braucht es keine Kirche. Das gibt es in jedem Kegelclub, Biergarten und Sportverein auch. Damit wäre Kirche beliebig und austauschbar. Wir versammeln uns in »seinem Namen«. Dadurch entsteht christlich kirchliche Gemeinschaft, nicht einfach, weil es nett ist, miteinander Zeit zu verbringen. Es ist nicht der Sport, es ist nicht das Bierglas.

Es sind Jesus und seine Sache, die uns als Gemeinschaft zusammenbringen. Alles andere bleibt hinter dem, wofür wir berufen sind, zurück. Hin und wieder gilt es wohl, sich dessen bewusst zu werden und auch die schmerzlichen Konsequenzen zu akzeptieren. »Nach dieser Rede wandten sich viele, die ihm gefolgt waren, von Jesus ab und gingen nicht mehr mit ihm. Da fragte Jesus seine zwölf Jünger: ›Und ihr – wollt ihr mich auch verlassen?‹« (Joh 6,67) Es ist unmöglich, jeden auf diesem Weg mitnehmen zu können, auch wenn es schön wäre. Wer aber ein klares Profil an den Tag legt, der schafft Verlässlichkeit, weil die anderen wissen, was sie erwarten können. Dieses Profil ist durch den Auftrag Jesu recht klar gegeben. Es gilt, das Ziel des Auftrages nicht aus den Augen zu verlieren. So wie Papst Johannes XXIII. in seiner Rede Gaudet Mater Ecclesia für das Konzil formuliert, gilt es wohl auch für die einzelnen christlichen Gemeinden. Es gilt, »das heilige Überlieferungsgut (depositum) der christlichen Lehre mit wirksameren Methoden zu bewahren und zu erklären. (...) Damit diese Lehre die vielfältigen Bereiche des menschlichen Wirkens erreicht, (...) ist es vor allem nötig, dass die Kirche ihre Aufmerksamkeit nicht von dem Schatz der Wahrheit abwendet, den sie von den Vätern ererbt hat. Sodann muss sie auch der Gegenwart Rechnung tragen, die neue Umweltbedingungen und neue Lebensverhältnisse geschaffen und dem katholischen Apostolat neue Wege geöffnet hat. (...) Doch es ist nicht unsere Aufgabe, diesen kostbaren Schatz nur zu bewahren, als ob wir uns einzig und allein für das interessieren, was alt ist, sondern wir wollen jetzt freudig und furchtlos an das Werk gehen, das unsere Zeit erfordert, und den Weg fortsetzen, den die Kirche seit zwanzig Jahrhunderten zurückgelegt hat. (...) Es muss (...) diese Lehre in ihrer ganzen Fülle und Tiefe erkannt werden, um die Herzen vollkommener zu entflammen und zu durchdringen. Ja, diese sichere und beständige Lehre (...) muss so erforscht und ausgelegt werden, wie unsere Zeit es verlangt. Denn etwas anderes ist das Depositum Fidei oder die Wahrheiten, die in der zu verehrenden Lehre enthalten sind, und etwas anderes ist die Art und Weise, wie sie verkündet werden, freilich im gleichen Sinn und derselben Bedeutung. Hierauf ist viel Aufmerksamkeit zu verwenden.«

Das ist keine leichte Aufgabe und es ist kein geringer Anspruch. Aber ich bin davon überzeugt, dass er es wert ist. Diese Behauptung stütze ich auf meinen Lebensweg und auf die Erfahrungen all der Menschen, die mit ihrem Glauben dieses Leben angepackt haben. Keiner von uns kann das Ganze des Glaubens hundertprozentig umsetzen. Wie gesagt: Es gibt nur einen Gott und du bist es nicht. Keiner aber kann sich der Herausforderung verschließen. »Merkst du es denn nicht? Noch stehe ich vor deiner Tür und klopfe an. Wer jetzt auf meine Stimme hört und mir die Tür öffnet, zu dem werde ich hineingehen und Gemeinschaft mit ihm haben.« (Offb 3,20) Lass dich auf die Begegnung mit Jesus ein und lebe das, was diese Beziehung hervorbringt. Diese Begegnung ist deshalb so essentiell, weil Jesus nicht einfach nur der nette Typ von nebenan, der Freund und Bruder, sondern weil er der Sohn Gottes ist. Jesus ist nicht einfach eine Symbolfigur, ein vorbildlicher Mensch wie Gandhi oder Buddha. Er ist so viel mehr.

So wenig wie die vollkommene Anbiederung eine echte Option darstellt, ist es auf der anderen Seite das fundamentale Hardlinertum. Die Überzeugung, nur noch der Ritus vergangener Tage sei das einzig Wahre und wer sich diesem Formenfetischismus nicht unterwirft, der könne ohnehin nicht als echter Gläubiger gelten, ist religiöses Neandertalertum. Da werden mit absoluter Sicherheit Lebensformen verurteilt und alles, was nicht den eigenen Überzeugungen und gruppeninternen Ansprüchen genügt, verteufelt. Für die gibt es ein klares Schwarz und ein noch strahlenderes Weiß. Da geht es vor allem um das Erfüllen und dem Genügen von Regeln. Das mag ja verlockend sein. Das mag Sicherheit versprechen und vor allem immun gegenüber Anfragen machen. Die lassen sich mit Verweis auf Rechtgläubigkeit nur zu leicht abschmettern. Doch scheint hierbei immer wieder eines vergessen zu werden: »Das Gesetz konnte uns nicht helfen, so zu leben, wie es Gott gefällt. Es erwies sich als machtlos gegenüber unserer sündigen Natur. Deshalb sandte Gott seinen Sohn zu uns.« (Röm 8,3) Nur in seiner Nachfolge und in einer Beziehung zu ihm ist Glaube lebbar, nicht in der Erfüllung von Regeln und Normen. In der Hardlinervariante wird zumeist nur die eigene Unsicherheit, Hinfälligkeit und Schwäche kaschiert. Die Menschen wirklich für Gott offen zu machen, gelingt dagegen nicht. Das hat nichts mit den Lebenswegen zu tun, die die Apostel gingen. Und es hat auch nichts mit echtem Christentum zu tun.

So schwanken wir in der Praxis immer weiter zwischen diesen Extremvarianten der pastoralen Prostitution und dem fundamentalen Hardlinertum und keine von beiden wird unserem Mandat gerecht, nämlich die Menschen zu Jüngern Jesu zu machen. »Darum fordert die Evangelisierung eine klar formulierte Botschaft, die den verschiedenen Situationen jeweils angepasst und stets aktuell ist.« (EN29) Eine Botschaft ist aber etwas anderes als Profillosigkeit und auch nicht das Einklagen von Regelkonformität.

Auch wenn in regelmäßigen Abständen über eine Wiederentdeckung des Religiösen gejubelt wird – gerne zu Weihnachten, nach der Wahl eines deutschen Papstes oder zu Zeiten eines sympathischen Franziskus – so sprechen die konstant im Abwärtstrend befindlichen Zahlen eine deutlich andere Sprache. Ein Papst macht eben noch keine Kirche und eine traditionsgemäß mitgenommene Festivität bewirkt noch lange keinen Glauben. Dabei können wir doch so viel mehr. Jeder Mensch kommt an den Punkt, an dem er sich die Frage nach dem Woher und Wohin seines Lebens stellt. Spätestens dann, wenn ihn die Härten des Lebens und die bitteren Kriegs- und Unglücksrealitäten dieser Welt einholen, wenn es um Versagen, Schuld, Krankheit und Tod geht. Keiner kommt an der Frage »Wie hältst du es mit Gott?« vorbei. In solchen Momenten dringt selbst im Fernsehen immer wieder die Frage nach Gott ins Bewusstsein. »Wäre eines Tages jede Religion verschwunden und sogar das Wort ›Gott‹ vollständig ausgetilgt, dann würde man doch dieses Wort neu erfinden für das namenlose Geheimnis unserer Existenz.« So formulierte es einmal Karl Rahner. Recht hat er damit. Schade aber nur, dass die Kirchen als kompetenter Ansprechpartner von vielen hier nicht mehr ernst genommen werden.

Die Gemeinden vor Ort brauchen wieder eine Vision. Es wäre schön, wenn wir wieder lernen, welche Bedeutung diese Vision für ihren Alltag hat. Diese Vision kann nur aus dem Glaubensinhalt wachsen und niemals durch Formen und Strukturen erzeugt werden. Wie sollen wir glauben, wenn wir keine Ahnung davon haben? Wir müssen raus aus unserer Untergangsmentalität. Nur so werden sie aus dem ungesunden Kreisen um sich selbst herausbrechen und ihr vergessenes Mandat widerentdecken: »Ich habe dich zum Licht für alle Völker gemacht, damit du der ganzen Welt die Rettung bringst, die von mir kommt!« (Jes 49,6)

Damit wir wieder zur leuchtenden Werbereklame werden können, braucht es Hilfestellungen, Glauben und Alltag neu miteinander zu verbinden. Es kann und darf uns also nicht zuerst um Mitgliederrekrutierung und Wiederbelebungsstrategien von Gemeindestrukturen gehen. Das geht am eigentlich Notwendigen vorbei. Das ist zu wenig.

Es wird immer wieder betont, wie viele Menschen die Kirche auf dem Weg ihrer Kasualien, ihrer Feiern von Trauung, Erstkommunion, Taufe und so weiter erreicht. Nicht müde wird man hervorzuheben, wie viele sich als »kasualienfromm« und damit als kirchlich ansehen. Doch damit können wir uns nicht zufriedengeben. Das ist zu wenig.

Was ich will? Ich glaube, dass es wieder Zeit wird, jedem einzelnen Christen so in eine Beziehung zu Gott und so in die Nachfolge Jesu zu verhelfen, dass er fähig wird, Zeugnis für seinen Glauben zu geben, unbefangen von dem zu verkünden, was ihn erfüllt. Wie das nun konkret laufen soll? Ganz ehrlich: Ich weiß es auch nicht. Ich habe nur in meinem Dienst bisher erleben dürfen, welche Bausteine helfen können, was Menschen ermutigt und unterstützt auf ihrem Weg. Das versuche ich derzeit zusammen mit engagierten Menschen im Alter von 16 bis Anfang 40 umzusetzen. Nachdem ich Emmerich verlassen und eigentlich mir vorgenommen hatte, im ersten Jahr »den üblichen Dienst« zu tun, kam alles ein wenig anders. Im August trat ich meine Stelle an und im Dezember feierte ich wieder den ersten Gottesdienst, der die bewährten Methoden aus dem vorigen Projekt aufgriff. Das ging nur, weil sich überraschend schnell junge Erwachsene anstiften und begeistern ließen. Da war auch für meine Sparflamme kein Halten mehr und die Leidenschaft brach sich Bahn. Drei Jahre später danke ich noch ganz oft im Stillen diesen Leuten und bete für sie. Wir haben einige Eckpunkte: Mindestens drei Bibeltexte und eine dezidiert bibelorientierte und für einen christlichen Lebensstil werbende, alltagsrelevante Predigt. Klar war bei allem, was an Licht, Akustik und Musik geplant wurde, auch: Es muss der Vermittlung der Botschaft dienen und darf kein Eigenleben führen. Außerdem bleiben wir bei einer Eucharistiefeier und verkürzen das Ganze nicht auf einen Wortgottesdienst.

Wie in Emmerich zeigte sich auch in Geldern, dass diese Form der Eucharistiefeier generationsübergreifend anspricht. Was ohnehin für jeden Gottesdienst gilt, wird beim Einsatz von Medien und kreativen Elementen nochmals entscheidender: Exzellenz. Ein großes Wort. Aber moderne Medien um ihrer selbst willen zu verwenden, kann ziemlich in die Hose gehen und lächerlich wirken. Filme müssen gut geschnitten sein, Animationen einer Mindestqualität entsprechen – die Menschen sind durchs Fernsehen und Filme einen gewissen Level gewöhnt –, die Leinwand sollte nicht zwischenzeitlich weggeräumt werden müssen, weil sie jetzt nicht mehr gebraucht wird, die Akustik sollte gut abgemischt sein und so weiter. So wie die klassische Liturgie eine gute Inszenierung ist und braucht, so gilt das umso mehr für den, der etwas Neues wagt. Solche Dinge ins Wort zu bringen, ist schwer. Der bewegte Eindruck überzeugt da vielleicht mehr und ich bin echt stolz auf das, was sich mit all den Leuten im Team bewerkstelligen lässt. Auf unserem YouTube-Channel von v_the experience versuchen wir genau das.

Eines war mir bei meinem Neustart sehr wichtig: Ein Gottesdienst alle sechs bis acht Wochen führt noch niemanden in eine Gottesbeziehung und macht sie zu Jüngern Jesu. Diese Eucharistiefeier kann den Funken der Begeisterung wecken, einen Impuls setzen und die Gegenwart Gottes erfahrbar werden lassen. Doch es braucht mehr, um im Glauben zu wachsen. An »Woran Wir Glauben«-Abenden geht es monatlich um christliche Glaubensinhalte und ihren relevanten Bezug zum Alltag. Einmal im Monat gibt es Kinoabende unter dem Motto »Finde die Blaue Fee«. Der Titel ist in Anlehnung an den Film A. I. – Künstliche Intelligenz gewählt. Der Roboterjunge David sucht in diesem Streifen sehnsüchtig nach der Blauen Fee. Er hat die Hoffnung, dass sie ihn endlich zu einem echten Menschen machen kann. Da Filme menschliche Grundsehnsüchte aufgreifen, nutzen wir die Filme, um daran christlichen Lebensstil und Überzeugungen deutlich zu machen. Zu den Filmen gibt es ein Vor- und Nachprogramm, Material zur Vertiefung. Dass es hier in Geldern das Herzogtheater gibt, war ein echter Glücksfall für das Projekt. Allerdings hätte ich mir nicht vorstellen können, dass sich ein Mittzwanziger für ein dezidiert religiöses und kirchliches Projekt gewinnen lässt. Ich weiß noch, wie ich mit mulmigem Gefühl ein Treffen vereinbart hatte. Dann fuhr jemand in rotem Sportwagen vor und stieg mit Sonnenbrille und Lederjacke bewaffnet aus. »Das kannste vergessen«, war mein erster Gedanke. Ja, auch ich bin vorurteilsbeladen. So jemand entspricht nun mal nicht dem durchschnittlichen katholischen Gläubigen-Bild, sorry. Innerlich musste ich mich im Nachhinein mehrfach bei ihm entschuldigen: Wir bekommen einen Kinosaal gestellt – für die Filmabende und den jährlichen Kinogottesdienst –, dürfen unseren Werbetrailer laufen lassen, und für Aufbauarbeiten öffnet man uns sogar am Sonntagmorgen um sieben die Türen. Darüber hinaus gibt es unser GODatDINNER-Angebot: Sie laden uns zum Essen ein. Ein Drei-Gänge-Menü muss es sein und mindestens acht Personen. Keine Sorge, wir tun auch was dafür. Sie suchen sich nämlich mit Ihren Gästen ein religiöses Thema aus, das wir dann vorbereiten und über die drei Gänge verteilen. Wenn Sie das Ganze als Gartenparty veranstalten, bringen wir auch noch Musiker mit. So wie Jesus häufig mit Menschen gegessen und dabei verkündigt hat, ist das ein ideales Setting, um in entspannter und offener Atmosphäre über die wesentlichen Dinge miteinander ins Gespräch zu kommen und sich zu öffnen. Außerdem arbeiten wir in Projekten noch mit einer Profifotografin aus Duisburg zusammen. Wenn es nämlich darum geht, für den Glauben für heute passende Bilder zu finden und Überzeugungen stylish und zeitgemäß zum Ausdruck zu bringen. Auch die Physiotherapeuten von Geldernmed haben uns schon unter die Arme gegriffen und Räume sowie Mitarbeiter und ihr Know-how zur Verfügung gestellt. Ganz nach dem Motto: »Oder habt ihr etwa vergessen, dass euer Körper ein Tempel des Heiligen Geistes ist, der in euch wohnt und den euch Gott gegeben hat?« (1 Kor 6,19) Deswegen gilt es diesen Tempel auch zu pflegen und gut zu erhalten. Wer könnte dafür bessere praktische Anleitungen geben als Physiotherapeuten, Ernährungsberater (Passt auf, dass ihr euch weder durch ein ausschweifendes Leben und Trunkenheit noch durch die Sorgen des Alltags vom Ziel ablenken lasst! – Lk 21,34) und Yogalehrer (Ihr steht frühmorgens auf und gönnt euch erst spät am Abend Ruhe, um das sauer verdiente Brot zu essen. Doch ohne Gottes Segen ist alles umsonst! Denen, die er liebt, gibt Gott alles Nötige im Schlaf! – Psalm 127,2). Da sind genügend Anknüpfungspunkte. Also gibt es vor jeder Einheit die christliche Perspektive und anschließend das körperliche Tun.

All das sind Versuche, in die unterschiedlichen Lebenswelten und -realitäten hinein dem Evangelium Platz und Bedeutung zu verschaffen. Zumindest für diese Region und die Menschen hier scheint es richtig und gut zu sein. Allerdings hat sich bei diesen Versuchen noch eine andere biblische Wahrheit gezeigt: »Niemand schneidet ein Stück Stoff aus einem neuen Kleid, um damit ein altes zu flicken. Nicht nur, dass es um das neue Kleid zu schade wäre; sondern der neue Flicken passt auch gar nicht zum alten Kleid. Ebenso füllt niemand jungen, gärenden Wein in alte, brüchige Schläuche. Sonst bringt er sie zum Platzen. Dann läuft der Wein aus, und die Schläuche sind unbrauchbar. Nein, jungen Wein füllt man in neue Schläuche! Wer aber alten Wein trinkt, der will vom jungen Wein nichts wissen. ›Der alte ist besser‹, wird er sagen.« (Lk 5,36–39) Es ist nur ganz bedingt möglich, bestehende Strukturen zu transformieren und zu verändern. Gerade auch, weil es oft gar nicht gewollt ist. Das scheint eine Herausforderung unserer derzeitigen Situation in den Pfarreien zu sein. Den »alten Wein« servieren und gleichzeitig Raum und Platz für den »neuen Wein« zu schaffen. Eine Aufgabe, die an die Grenzen führen kann, weil es dabei viel um gegenseitige Rücksichtnahme und Verständnis geht. Aber es gibt heute nichts, was der Bibel irgendwie fremd wäre. Das Beispiel der Gemeinde in Korinth lässt dabei zuversichtlich in die Zukunft schauen. Sie ist ein Mut machendes Beispiel dafür, dass ein Neustart in einer christlichen Gemeinde passieren kann. Eine an die Wand gefahrene Gemeinde in einer zerrissenen Situation richtet sich wieder neu auf Gott aus. Das kennen wir doch irgendwo her. Also zumindest das mit der zerrissenen Situation.

Vor all diesen Dingen aber steht das Entscheidende: das Gebet um die Gegenwart Gottes im Geist Jesu Christi. Das darf niemals außer Acht gelassen werden. Dieses Gebet öffnet für Gott und bittet um seine Gegenwart und sein Wirken. Es geht bei allem um ihn und darum, die Menschen in eine immer tiefere Beziehung zu ihm zu führen. Das führt unweigerlich zu Konsequenzen. In einer Zeit, in der darüber diskutiert wird, was die Religion noch in der Öffentlichkeit zu suchen hat, geht es um ein klares Bekenntnis. Religionsfreiheit droht immer mehr zu einer Freiheit »von Religion« zu werden. Ursprünglich war dieses Grundrecht dazu gedacht, meine »Freiheit zur Religion«, mein Recht auf ein christliches Bekenntnis im öffentlichen Raum zu schützen. Inzwischen scheint es immer mehr zu einem Recht auf Nichtbelästigung durch Religion zu mutieren. Will ich das zulassen? Will ich akzeptieren, dass mein Kreuz von der Wand verschwinden muss, aber das Kreuz auf Verbandskästen und Landesflaggen bleiben darf? Das ist doch absolut widersinnig. Wenn schon, denn schon.

Es braucht Bekenner, die für ihren Glauben einstehen in der Öffentlichkeit, am Arbeitsplatz, im Privaten. An diesen Orten entscheidet sich, wie ernst wir unseren Glauben nehmen. Beim Griff ins Kühlregal entscheidet sich, wie ernst ich es mit der Bewahrung der Schöpfung nehme. Am Arbeitsplatz im Umgang mit ungeliebten Kollegen und Chefs wird deutlich, was mir die Gottesebenbildlichkeit des Menschen und das Gebot der Nächsten- und Feindesliebe wert ist.

Doch eines muss klar sein. Um etwas bekennen zu können, muss ich Kenntnis haben. Wenn ich ein glaubwürdiges und überzeugendes Bekenntnis ablegen will, dann muss ich denjenigen kennen, für den ich einstehen will. Es bleibt mir gar nichts anderes übrig, als mich mit ihm zu beschäftigen und auseinanderzusetzen. Am Ende geht es darum: Ist dir dieser Gott peinlich, oder ist er es dir wert? Klartext, bitte!

Anstelle eines Schlusswortes

»Darum knie ich nieder vor Gott, dem Vater, und bete ihn an, dem alle Geschöpfe im Himmel und auf der Erde ihr Leben verdanken und den sie als Vater zum Vorbild haben. Ich bitte Gott, dass er euch aus seinem unerschöpflichen Reichtum Kraft schenkt, damit ihr durch seinen Geist innerlich stark werdet und Christus durch den Glauben in euch lebt. In seiner Liebe sollt ihr fest verwurzelt sein; auf ihn sollt ihr bauen. Denn nur so könnt ihr mit allen anderen Christen das ganze Ausmaß seiner Liebe erfahren, die wir doch mit unserem Verstand niemals fassen können. Dann wird diese göttliche Liebe euch immer mehr erfüllen.« (Eph 3,14–19)